BIENESTAR SOCIAL: SU REPRESENTACIÓN Y ESTRATO
Enfoque Integral

AUTORA:
Dra. ZULAY VALENTINA TREJO

VALENCIA, JUNIO DEL 2018

Dedicatoria

— A Álvaro, Aníbal y William, los hombres de mi mundo de vida.

— A Cachi y Mía, mis acompañantes no humanas.

— A mis pequeños jardines que me sosiegan.

— A Venezuela, que constituye parte de mí ser.

Agradecimientos

— A William Montes de Oca, mi esposo, por el acompañamiento solidario en mi dedicación a veces avasallante a esta indagación.

— Al Dr. Edinson Gudiño por su acompañamiento y aportes en la construcción de este conocimiento.

— A la Naturaleza, aquello más grande que siento nos envuelve, por estar aquí y ahora en esta existencia.

Bienestar social: su representación y estrato

Resumen

El interés central de esta indagación es comprender el conocimiento, los sentimientos y significados que tiene del bienestar social la sociedad venezolana estratificada. El enfoque teórico Integral Holónico de Wilber, sirve a la tarea organizadora, relacional y abarcadora no sólo del referencial teórico, sino de algunos de los resultados de la indagación. El referencial teórico ha sido: la conceptualización del bienestar social de la Comisión Stiglitz, Sen y Fitoussi, la Teoría de las Representaciones Sociales de Moscovici y la conceptualización sociológica de la estratificación social. La visión del mundo y postura filosófica asumida como fundamento metodológico es la fenomenología sociológica, en cuya correspondencia, el proceso de investigación fue inductivo, interpretativo y de historización. Los métodos utilizados son la Teoría Fundamentada, el Análisis Estructural de la Representaciones Sociales y el Análisis Sociológico del Discurso. Como resultado general de esta indagación se puede señalar a las representaciones del bienestar según estrato social distintivas. Éstas no sólo en sus contenidos, relaciones objétales, ámbitos de conceptualización, contenido de sus funciones identitarias, proximidad ante la crisis socioeconómica que atraviesa la sociedad venezolana, sino también en su función de orientación de las acciones sociales y custodia de las prácticas del grupo y por consiguiente del discurso. La excepción es la continuidad intergeneracional o historicidad atribuida a las representaciones sociales del bienestar, la cual, para todos, menos el estrato social IV, se representó como estructuralmente constituida, fuertemente enraizada ideológicamente.

PALABRAS CLAVE: Bienestar social, representaciones sociales, estratificación social, enfoque integral.

Social well-being: its representation and stratum

Abstract

The central interest of this inquiry is to understand the knowledge, feelings and meanings that stratified Venezuelan society has of social well-being. Ken Wilber's Holonic theoretical approach, serves the organizing, relational and comprehensive task not only of the epistemic context, but also of some of the results of the inquiry. The epistemic context has been the conceptualization of social well-being of the Commission Stiglitz, Sen and Fitoussi, the theory of social representations of Moscovici and the sociological conceptualization of social stratification. The vision of the world and philosophical posture assumed as methodological basis is sociological phenomenology, in whose correspondence, the research process was inductive, interpretative and of historicization. The used methods are the Grounded Theory, the Structural Analysis of the Social Representations and the Sociological Analysis of the Discourse. As a general result of this inquiry, we can point out to the representations of social well-being distinctive according to social stratum. These distinctions not only in their contents, objetal relations, scopes of conceptualization, content of their identity functions, proximity to the socio-economic crisis that Venezuelan society is going through, but also in its function of orientation of social actions and custody of group practices and therefore of discourse. The exception is the intergenerational continuity or historicity attributed to the social representations of well-being, which for all, except social stratum IV, was represented as structurally constituted, strongly rooted ideologically.

KEY WORDS: Social well-being, social representations, social stratification, integral perspective.

Índice General

Índice de Tablas

Índice de figuras

Introducción

La pieza que faltaba – Líneas estratégicas y tácticas

En varias ocasiones en mi vida me he encontrado atendiendo a expresiones tales como: "a ellos les gusta su casa así", ¿Por qué tienen que hacer que ellos vivan como deciden otros? Así, por ejemplo, recuerdo a los investigadores Luis Jackson y Fidel Rodríguez, en el escenario de la segunda conferencia del Consejo Latinoamericano de Ciencias Sociales[1], comentar al referirse a los resultados de un estudio de su autoría sobre las condiciones de vida de la comunidad warao de Playita Volcán, en el estado Delta Amacuro (2015): "las cifras según indicadores de pobreza utilizados fueron alarmantes, sin embargo, hay algo que nos llamó mucho la atención, ellos no pensaban, no sentían que eran pobres". Estas creencias y sentimientos de como la vida en sociedad aparece para el grupo social que la vive, caracterizan de igual manera a esa comunidad. En otras palabras, son representaciones sociales de cómo la vida sucede para ellos, es decir, representaciones de su bienestar social.

En la filosofía occidental, el concepto bienestar ha referido no solo a cómo la vida de una persona o sociedad acontece para la persona o grupo social que la vive, sino también, ha abarcado a través de su historia, la discusión de cómo debemos vivir en general y cómo sería mejor vivir (Fletcher, 2016). Hoy día, se conceptualiza al bienestar, no solo como equivalente a la salud y al progreso social que es sostenible a lo largo del tiempo, sino también de manera integral.

De allí resulta que la conceptualización del bienestar social, como fenómeno complejo, involucre considerar de manera inseparable los aspectos tanto subjetivos y objetivos como los individuales y colectivos. En esta comprensión abarcadora y relacional, nos auxilió para su

---

[1] (Jornadas Internacionales de Investigación en Ciencias Sociales y Humanidades, 2014). Segunda conferencia: Eje de discusión "Pobreza y calidad de vida".

ordenamiento el enfoque Integral Holónico o matriz cognoscente de Wilber (2001), según el cual toda interrogante sobre cualquier evento o sujeto puede ser respondida desde una perspectiva que integra tanto a los aspectos subjetivos y objetivos como a los individuales y colectivos.

Todavía cabe señalar, que lo subjetivo colectivo, es decir, el ámbito de las representaciones sociales del bienestar social, no son el mero reflejo del bienestar individual, sino lo que es común entre los individuos de un colectivo. Son una característica de la sociedad y no el reflejo de individualidades. Esto en acuerdo con Morín (1999), en lo concerniente a lo humano como una unidad múltiple que se desarrolla en triadas o bucles y en particular el bucle individuo $\rightleftarrows$ sociedad $\rightleftarrows$ especie. Antropológicamente, la sociedad vive para el individuo, quien vive para la sociedad, así mismo; el individuo y la sociedad viven para la especie.

A la luz de las consideraciones anteriores, centré mi interés en comprender el conocimiento, los sentimientos y significados que tiene del bienestar social la sociedad venezolana estratificada con el fin de teorizar. Las siguientes preguntas sirvieron de guía para abordar esta comprensión: ¿cómo los miembros de las comunidades conciben, comprenden y valoran al bienestar social?, ¿cuál es el discurso de bienestar social de cada estrato social?, ¿cómo ha sido la evolución o historicidad de los significados atribuidos al bienestar según estrato social? La comprensión señalada es la pieza que se ha completado en la comprensión integral del bienestar en la sociedad venezolana.

Para el desarrollo de esta indagación se asumieron los siguientes supuestos: primero, desde el punto de vista ontológico, una correspondencia constitutiva entre la construcción social del conocimiento y la construcción social de la realidad social. Segundo, desde el punto de vista epistemológico, al proceso de construcción del conocimiento como inductivo, interpretativo y de historización. Y tercero, en consistencia con estos supuestos, se asumió desde el punto de vista metodológico a la fenomenología sociológica, lo cual implica no solo una visión del mundo y una postura filosófica sino una correspondencia entre subjetivismo y el objetivismo. Es decir, para la fenomenología sociológica, primero, todas las creaciones simbólicas se inscriben en la existencia de individuos humanos concretos; segundo, toda realidad social en la historia es una construcción humana.

Como consecuencia de los supuestos asumidos, la estrategia de indagación fue inductiva, interpretativa y de historización. Desde que las representaciones sociales del vivir bien en sociedad o bienestar social, existen en la forma de significados subjetivos (conocimiento y valoraciones), en la forma del contexto intersubjetivo (discurso de la comunidad o identidad colectiva), así como en movimiento en el tiempo (trayectoria compartida) (Pouliot, 2007). Por ende, se consideraron idóneos para el análisis de los datos a los siguientes métodos: la teoría fundamentada, el análisis estructural de las representaciones sociales y el análisis sociológico del discurso.

De la misma manera, en acuerdo con la fenomenología sociológica, la cual advierte que todos los universos simbólicos se asientan en la vida de individuos concretos o determinados, se caracterizó a los informantes según sexo, edad y afiliación política. Así mismo, se les clasificó según estrato social con la utilización de la escala Graffar – Méndez Castellano, registrando una distribución y acumulación desigual de bienes, prestigio, servicios y educación según grupo social.

El contexto espacio-temporal de esta investigación son las ciudades venezolanas de Valencia y Caracas, durante el lapso comprendido entre junio del año 2017 a marzo del año 2018.

Escenario I - Contexto epistémico

Los propósitos de este aparte son, primero, abordar al supuesto teórico de esta indagación, el Enfoque Integral Holónico de Wilber, segundo, trazar los acuerdos sobre las categorías conceptuales bienestar social, representaciones sociales y estratificación social.

Al propósito, es pertinente recordar la concepción de paradigma de Morín (1999), para quien, un paradigma, desde el punto de vista óntico, no solo es una promoción/selección de los conceptos maestros de la intelegilibilidad sino también la determinación de las operaciones lógicas maestras -exclusión/inclusión, disyunción/conjunción, implicación/negación-. Así mismo, ontológicamente consiste en el problema clave de determinación de la verdad y del error: dilucidar o cegar, revelar u ocultar. Más aún, el paradigma juega un papel subterráneo y soberano: es inconsciente pero irriga el pensamiento consciente.

Supuesto Teórico - Perspectiva Integral Holónica

Desde el punto de vista del sujeto y evento conocido, se asumió el Enfoque Integral Holónico de la realidad de Wilber (2001). Esta matriz cognoscente concibe que cualquier pregunta sobre evento o sujeto puede ser respondida desde una perspectiva que integra los aspectos subjetivos y objetivos, individuales y colectivos. Para Wilber (1995), las ciencias de la complejidad, las que generaliza como las teorías dinámicas de sistemas, han unificado una visión del mundo en la que todo está conectado con todo lo demás. Es decir, una perspectiva integral que permite identificar las relaciones existentes entre áreas del conocimiento aparentemente no relacionadas, entre lo subjetivo y objetivo, entre lo individual y lo colectivo.

Así mismo Wilber (1991), menciona por lo menos dos tipos de conocimientos científicos: el primero, amplio o profundo, basado en la experiencia subjetiva, colectiva e individual. Y el segundo, estrecho, basado en la experiencia objetiva, ya sea colectiva o individual. Las diferentes áreas del conocimiento han de considerarse como complementarias desde que abonan a la comprensión del conjunto, evitando reducir ninguna área del conocimiento a las otras. Se advierte en este enfoque teórico, la superación de la antinomia o exclusión mutua entre lo subjetivo versus objetivo, para concebir su complementariedad o inclusión.

La realidad, según Wilber (2001), se compone de holones. Un holón es una parte de un todo más grande, y está compuesto a su vez de totalidades más pequeñas. Por ejemplo, las moléculas forman células, las que se componen de átomos; las células constituyen los organismos, y se componen de moléculas; etc. La evolución es una holarquía, es decir, los holones emergentes trascienden pero incluyen sus predecesores. Cuando el autor antes citado asevera que un holón es una parte de un todo más grande (otro holón), este "más" significa jerarquía y elementos en común que se unifican en otro holón, lo que hace intercambiables a las palabras jerarquía y totalidad.

En fin, la realidad y el universo en todas las etapas, tienen un "interior" (lo espiritual, lo ideacional) y un "exterior" (el comportamiento, lo material), así como una dimensión "individual" y una dimensión "colectiva". Así pues, hay cuatro "cuadrantes": el interior - individual, o el "yo"; el interior-colectivo, o el "Nosotros"; el individual - exterior, o el "Ello"; y el "exterior-colectivo, o el "Estos" (Wilber, 2001). Estos cuatro cuadrantes o dimensiones más importantes de la totalidad ordenada de la existencia, es decir el *Kosmo*, se hallan profundamente relacionados, influenciándose y determinándose de manera dinámica y recíproca. Además, cada holón debe ser interpretado por medio de los cuatro cuadrantes, desde que, cada holón se constituye de estos cuatro aspectos.

Más en detalle, el modelo de los cuatro cuadrantes incluye en el Primer Cuadrante o Cuadrante Superior Izquierdo, lo relativo a los aspectos subjetivos - individuales e interpretativos. El lenguaje utilizado en este ámbito es el del Yo. Aquí se ubican los estudios de la consciencia y lo intencional. Son ejemplos de estudiosos centrados en este cuadrante: Sigmund Freud (1856 - 1939, Carl Jung (1875 - 1961), Jean Piaget (1896 - 1980), Sri Aurobindo (1872 - 1950). Pertenecen a este ámbito: el psicoanálisis, la hermenéutica y el misticismo. El modo validación de este conocimiento son la veracidad, honradez y la sinceridad con los demás y uno mismo.

El segundo cuadrante o cuadrante superior derecho, incluye lo relativo a la materia, con lo cual puede verse o tocarse y medirse. Los aspectos incluidos en este ámbito son los exteriores – individuales. El lenguaje utilizado en este ámbito es Ello/Esto. Aquí se ubican los estudios empírico-positivistas, de carácter nomológico y objetivo. Este es el ámbito de lo conductual. Son ejemplos de estudiosos centrados en este dominio: Burrhus F. Skinner (1904 - 1990), John B. Watson (1978 – 1958), Jhon Locke (1632 – 1704). Pertenecen a este ámbito la física, la neurología y la biología entre otras. El modo validación de este conocimiento es la verdad proposicional, verdad objetiva.

El tercer cuadrante o cuadrante inferior derecho incluye los aspectos colectivos – exteriores, medibles y cuantificables, los aspectos interobjetivos. El lenguaje utilizado en este ámbito es Ello/Estos, tal como lo estudia la sociología. Es el dominio de lo social y la teoría de sistemas. Son ejemplos de estudiosos centrados en este dominio: Auguste Comte (1798 – 1857) y Karl Marx (1818 – 1883). El modo validación de este conocimiento o criterio de verdad es el ajuste funcional, el individuo adaptado al tejido social del sistema.

El cuarto cuadrante o cuadrante inferior izquierdo incluye los aspectos colectivos de la consciencia humana, los aspectos intersubjetivos tal como son estudiados por la psicología social y la antropología. El lenguaje utilizado en este ámbito es el de "nosotros". Pertenece al dominio de lo cultural. Son ejemplos de estudiosos centrados en este dominio: Thomas Kuhn (1922 – 1996),

Max Weber (1864 – 1920) y Hans-George Gadamer (1900 - 2002). El modo validación de este conocimiento o criterio de verdad es rectitud, justicia y bien común.

El modelo de los cuatro cuadrantes proporciona la posibilidad de generar una mirada ordenada, relacional y comprehensiva sobre datos procedentes de diversas áreas del conocimiento (Zambrano, 2010), como son psicología, psicología social, antropología, medicina, economía, historia, sociología y ciencias políticas. Además, posibilitó generar matrices cognoscentes, como es el caso, primero, del bienestar social en general; y segundo, de las representaciones del bienestar social según estrato social en específico.

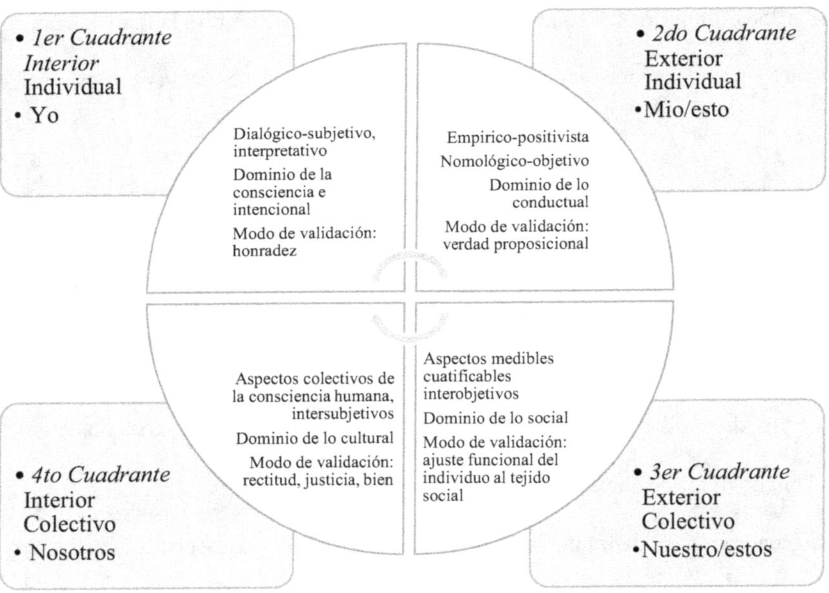

Figura 1. Matriz Integral Holónica, Fuente: Ken Wilber (2001).

Concertando el constructo bienestar

El bienestar humano, constructo muy abstracto y ambiguo, ha sido tratado a través de la historia por diferentes ramas del saber: la filosofía, la economía, la antropología, la psicología. Por ende, existe hoy día la necesidad, por un lado, de llegar a acuerdos sobre la definición del término bienestar social, aclarar su identidad o diferencia con respecto a términos como los de calidad de vida y Estado de bienestar. Por otro lado, concebir al bienestar social de manera sintética, holística y compleja.

El diccionario de la Real Academia Española (RAE, 2016) tiene tres entradas para la palabra bienestar: De bien y estar, (i) Conjunto de las cosas necesarias para vivir bien, (ii) Vida holgada o abastecida de cuanto conduce a pasarlo bien y con tranquilidad, (iii) Estado de la persona en el que se le hace sensible el buen funcionamiento de su actividad somática y psíquica. Asimismo, la RAE define a la "Economía del Bienestar" como aquella que tiene como objetivo global extender a todos los sectores sociales los servicios y medios fundamentales para una vida digna. De igual manera, define al "Estado de bienestar, o estado del bienestar" como a la organización del Estado en la que este tiende a procurar una mejor redistribución de la renta y mayores prestaciones sociales para los más desfavorecidos. El "bienestar social" no está definido en el RAE. Finalmente, define "calidad de vida" como al conjunto de condiciones que contribuyen a hacer la vida agradable, digna y valiosa.

Devenir histórico del concepto de bienestar en el mundo occidental. El objetivo de este aparte es hacer un recorrido por el devenir histórico del concepto de bienestar en el mundo occidental. En este devenir, se pueden observar dos orientaciones o paradigmas; el hedonismo y eudemonismo. El paradigma hedonista concibe al bienestar como placer subjetivo o felicidad mientras que el eudemonismo lo relaciona con la actualización y realización de las capacidades humanas, es decir, con tener una vida digna, valiosa de ser vivida. Así mismo, la conceptualización del bienestar ha incluido y excluido elementos externos e internos así como individuales y colectivos. La inclusión de elementos y el paradigma sostenido en la conceptualización ha resultado en significaciones diferenciales en cada momento histórico. Los cuales han sido clasificados, para facilitar su exploración, en occidente antiguo, edad media, modernidad y actualidad.

Antes de iniciar este recorrido, conviene hacer dos aclaraciones sobre el uso del término bienestar, el cual es una traducción del inglés al español de la palabra *wellbeing*. En primer lugar, en filosofía el término *wellbeing* se ha utilizado para hacer referencia a cómo la vida de una persona o sociedad acontece para la persona o grupo social que la vive. De igual modo, ha involucrado a lo largo de la historia de la filosofía, la discusión de no solo cómo debemos vivir en general, sino también de cómo sería mejor vivir (Fletcher, 2016). En coherencia con lo anterior, el uso del término bienestar lo acuerdo en este sentido, lo que lo hace intercambiable con los términos buen vivir, vivir bien y bien-ser en español. En segundo lugar, el uso en la actualidad del término bienestar se acuerda equivalente al término felicidad en las traducciones de los filósofos antiguos.

El bienestar humano en el mundo occidental antiguo. *Concepción platónica.* Para Platón (Atenas, 427-347 a. C.), el bienestar humano o felicidad no solo es el más alto objetivo del pensamiento y de la conducta humana sino también alcanzable únicamente a través de la ética. Como resultado, las virtudes son las habilidades y disposiciones necesarias para alcanzar este objetivo. Además, la justicia y la razón son señaladas como virtudes cardinales, desestimando al ocio, a la riqueza y al placer como formas de la felicidad.

El bienestar definido como un estado de perfección moral por Platón, es por demás difícil de alcanzar. Desde que para alcanzar tal perfección, el alma no solo debe permanecer al margen de los placeres del cuerpo sino también subordinar a los deseos y al individuo. De tal modo que, a la concepción platónica de la ética se le clasifica como eudemónica (Frede, 2013). También podría referirse a esta conceptualización del bienestar como enfáticamente individual y subjetiva.

Concepción aristotélica. Según Aristóteles (Antigua Grecia, 384 - 322 a. C) el bienestar anímico se clasifica en dos: Placer y Eudemonia. Debido a esta clasificación se puede considerar su concepción tanto individual como subjetiva. Sin embargo, Aristóteles aun cuando pensaba que el bienestar de la población estaba esencialmente predestinado, supone al Estado (politeia) como factor maximizante de la viabilidad de bienestar a través de la educación para la virtud.

Además, por un lado, Aristóteles considera al placer, como el resultado de la satisfacción de nuestros deseos o apetitos efímeros; no necesariamente informados por la razón práctica o guiados por la prudencia. Por otro lado, define a la Eudemonia como la actividad del alma conforme a la virtud; la cual se constituye de hábitos estables de operación o comportamientos, de lo que se deriva la estabilidad de la felicidad (Valdés, 1991). La Eudemonia, autosuficiente o valiosa en sí misma, no solo es el objetivo del pensamiento y de la acción humana; sino también la acción conforme a la razón. La Eudemonia, además de ser peculiar a la humanidad, es la única que puede conducir al verdadero bienestar humano.

Así mismo, Aristóteles jerarquiza tres tipos de bienes: externos, del cuerpo y del alma o psíquicos. Estos bienes contribuyen de diferentes maneras al bienestar total de una persona. El bienestar anímico, el único deseable por sí mismo, no es la suma resultante de la posesión de bienes externos y del bienestar corporal. Sin embargo, una buena proporción de estos últimos es deseable. Más aun, es posible tener riqueza, poder y salud y no tener el bienestar más valioso que sería el propio del alma humana: la Eudemonia o auténtico bienestar. Los bienes externos son solo instrumentos para el bienestar anímico (Kraut, 2016).

Al igual que la concepción platónica del bienestar, la concepción aristotélica se puede catalogar como individual, subjetiva y eudemónica.

Concepción estoica. El estoicismo, corriente filosófica fundada por Zenón de Citio en el 301 a. C., sostiene que el bienestar no solo es interno sino que se alcanza a través de la vida virtuosa. Interno, desde que no hay mayor bien que aquel que una misma puede darse, en razón de que todo lo que acontece no es bueno ni malo en sí mismo, sino que depende del ánimo en que son aceptados. El bienestar, entonces, es un estado interior o subjetivo de tranquilidad y libertad, alcanzable a través de la disciplina, que no depende de ninguna circunstancia material exterior. Este estado de tranquilidad y libertad mental, imperturbable, fue denominado ataraxia (Valdés, 1991).

En cuanto a la virtud, esta es una sola y consiste en conocer y aceptar racionalmente el logos natural, es decir, vivir en armonía con la ley de la naturaleza la cual deviene predestinada. Entonces, para los estoicos, sabiduría es aceptar nuestro destino, racional e imperturbablemente, desde que, el bienestar consiste en la selección racional de las cosas de acuerdo a la naturaleza (Baltzly, 2014).

En fin, no está por demás caracterizar a esta concepción no solo micro sino también enfáticamente individual y subjetiva.

El bienestar en la Edad media. *Concepción agustiniana.* Para San Agustín o Agustín de Hipona (354-430 d C) no hay manera de alcanzar aquí en la existencia terrenal un estado completo y estable de bienestar: la única manera de alcanzar tal estado es en el cielo, donde los humanos nos unimos con Dios sin mediaciones y permanentemente (Lauinger, 2016). Desde que para el cristianismo, la vida es un tránsito, no un fin en sí misma, el bienestar en la vida terrenal tiene significado solo si está fundamentado en la esperanza del bienestar celestial; aquellos sin tal esperanza tienen un falso sentido de la felicidad. Además, en nuestras vidas terrenales tenemos la preocupación de no poder estar en contacto permanente con Dios y las mejores cosas, las que son inmateriales e inteligibles.

San Agustín asintió en su obra *La vida feliz*:

Pero quizá todos con diversas palabras dijisteis lo mismo. Pues si consideramos las dos primeras definiciones, el que vive bien hace la voluntad divina y quien cumple lo que Él quiere vive bien. Vivir bien es hacer lo que a Dios agrada, ¿no estáis conformes?

Asintieron todos.

- Vamos a considerar más despacio la tercera forma de expresión, porque en los ritos santísimos de los divinos misterios el espíritu impuro se designa de dos modos, según entiendo. El primero es cuando extrínsecamente invade el alma y conturba los sentidos, imprimiendo en los hombres un estado de frenesí o de furor, y para expulsarlo, los sacerdotes imponen las manos o exorcizan, es decir, lo conjuran con divino poder que salga de allí. En otro sentido, se llama espíritu inmundo toda alma impura o inquinada con vicios o errores. Así que ahora te pregunto a ti, niño, que tal vez proferiste esta sentencia con un espíritu más cándido y puro, ¿quién te parece que no tiene el espíritu impuro? ¿El que no es poseso del demonio, que causa perturbaciones mentales en los hombres, o el que purificó el alma de todos sus vicios y pecados?

- El que vive castamente está libre del espíritu inmundo-respondió el interpelado.

- Pero ¿a quién llamas casto? ¿Al que nada peca o al que se abstiene del ilícito comercio carnal?

- ¿Cómo puede ser casto -respondió- el que sólo se abstiene de ilícito comercio carnal y con los demás pecados trae manchada su alma? Aquel es verdaderamente casto que trae los ojos fijos en Dios y vive consagrado a Él.

Plúgome insertar estas palabras tal como fueron dichas por el niño, y proseguí:

- Luego el casto es necesario que viva bien, y el que vive bien necesariamente ha de ser casto; ¿no te parece?

Asintió con los demás.

- Las tres sentencias, pues, coinciden en una. (Hipona, Capitulo III, N°18).

…Aquí a la madre saltáronle a la memoria las palabras que tenía profundamente grabadas, y como despertando a su fe, llena de gozo, recitó los versos de nuestro sacerdote: "Guarda en tu regazo, ¡oh Trinidad!, a los que te ruegan." Y añadió:

- Esta es, sin duda, la vida feliz, porque es la vida perfecta, y a ella, según presumimos, podemos ser guiados pronto en alas de una fe firme, una gozosa esperanza y ardiente caridad. (Hipona, Capitulo III, N° 35).

Sin duda la concepción agustiniana de la felicidad no solo es eudomonista sino individual e interior.

Modernidad y bienestar humano. *Economía del bienestar: utilitarismo.* El utilitarismo al concebir al bienestar como utilidad considera que el estado social más justo es el que mayor utilidad global produzca. Como resultado subsume a la idea de justicia en la idea de maximización de la utilidad. En la llamada economía del bienestar, se utiliza para medir el bienestar de una persona su "utilidad individual", la cual se concibe como el placer o la satisfacción producida por la realización de los deseos o aspiraciones personales. Según esta concepción, cuanto menor sea el número de deseos insatisfechos, la vida de una persona será mejor (Valdés, 1991).

El concepto de la Utilidad ha sido objeto de gran controversia a lo largo de la historia de la economía, con diversas y cambiantes interpretaciones, cardinales y ordinales, a lo largo del tiempo. De acuerdo con Javier Cáseres (2002), se pueden señalar dos abordajes principales dentro del enfoque utilitario del bienestar social: primero, el de la economía clásica con los trabajos de Francis Edgeworth (1845 - 1926), Arthur Pigou (1877 - 1959), Wilfredo Pareto (1848 - 1923), Jeremy Betham (1748 – 1832) y John Stuart Mill (1806 – 1873) y, segundo, el de la nueva economía del bienestar con los trabajos de John Hicks (1904 – 1989), Nicholas Kaldor (1908 – 1986) y Paul Samuelson (1915 – 2009). Según Zabily Rodríguez y otros (2008), esta línea de investigación presenta dificultades no sólo desde el punto de vista práctico sino teórico, además de ser fuertemente criticada, por Amartya Sen (1998), por establecer equivalencia entre utilidad y bienestar.

En fin, la concepción utilitarista del bienestar no solo es hedonista sino también individual y objetiva.

Actualidad. *Bienestar = Salud - Hacia una concepción ecológica.* Según la Organización Mundial de la Salud (OMS, 1947), la salud es "un estado de completo bienestar físico, mental y social, y no solamente la ausencia de afecciones o enfermedades". Como resultado reflexivo de esta conceptualización se puede señalar a ésta, primero, no sólo como dicotómica sino también estática, es decir, o estas enfermo o en completo estado de bienestar o salud. Vale la pena recordar la necesidad de superar las antinomias o disyunciones y vincularnos a las realidades complejas con otras miradas. Por una parte, en la perspectiva del principio dialógico avanzado por Edgar Morín (1999) el cual señala la inseparabilidad de nociones contradictorias. Y por otra parte, bajo el tamiz de la dialéctica materialista avanzado por Federico Engels la cual señala…"Por primera vez todos los mundos - natural, histórico, e intelectual son representados como un proceso -… en constante movimiento, transformación, desarrollo; se intenta encontrar la conexión interna que hace de todo este movimiento y desarrollo una la totalidad continua" (1878, págs. 31-32).

Segundo, la conceptualización de salud de la OMS se puede señalar como muy positiva ya que traza a la salud como un estado de completo bienestar, quizás inalcanzable para el 98% de la población mundial. Sin embargo, lo bueno de esto, a mi manera de ver, es que introduce en el discurso mundial la secularización del bienestar, un horizonte esquivo pero presente en nuestras metas aquí en la Tierra.

Por último, cabe destacar la concepción multidimensional de la misma, al señalar las dimensiones biológica, mental y social. Aun así, todavía podría considerarse a la salud, como fenómeno complejo, en un sistema de relaciones dinámicas interdependientes entre el ser humano y sus ambientes, natural y construido y el ecosistema global, tal como la conciben G. Dahlgren y M. Whitehead (1991).

En fin, la salud humana no solo equivalente al bienestar sino también en relación de determinación recíproca, por un lado, con el ambiente natural constituido por hábitats, arboles, agua, biodiversidad, clima, tierras y suelos. Y por otro lado, con el ambiente social construido por el humano a través de sus actividades bajo el tamiz cultural – economías local y global, edificaciones, calles, puentes, las actividades mismas, comunidad, estilos de vida. Esta construcción social de la realidad social, producto de la actividad humana, es un proceso dialéctico continuo y simultáneo de externalización, internalización y objetivación; producto que vuelve a actuar sobre su productor, (Berger, 1968 - 2003). Más adelante, se profundizará sobre la construcción social de la realidad social.

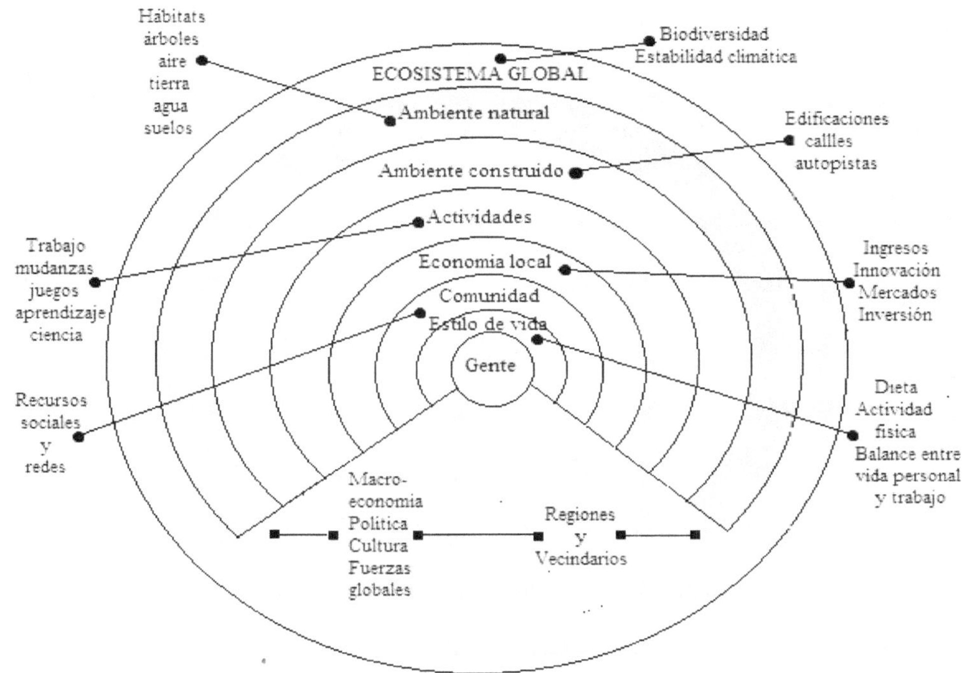

Figura 2. Determinantes de la salud y el bienestar. Fuente: Diseño propio, basado en el concepto de Dahlgren y Whitehead (1991).

Bienestar social o buen vivir sostenible. Según Erik Thorbecke (2011), existe un renovado interés en cómo la vida en sociedad acontece para la persona o grupo social que la vive. Es decir, en los conceptos del bienestar y progreso social y sus mediciones, como producto del informe de la Comisión sobre la medición del Desempeño económico y el Progreso social (2009), solicitado por el Presidente de Francia (2007-2012), Nicolás Sarkozy, bajo el liderazgo de Joseph Stiglitz, Amartya Sen y Jean Paul Fitoussi.

Según informe de la Comisión (2009), el constructo bienestar es esencialmente multidimensional e incluye las siguientes dimensiones: (i) las condiciones de vida materiales (ingreso, consumo y riqueza), (ii) la salud, (iii) la educación, (iv) las actividades personales, y

16

dentro de ellas el trabajo, (v) la participación en la vida política y la gobernanza, (vi) los lazos y relaciones sociales, (vii) el medio ambiente (estado presente y porvenir), (vii) la inseguridad, tanto económica como física. Adicionalmente, la Comisión definió al "Progreso social" como el bienestar que es sostenible a lo largo del tiempo.

Por ende, el bienestar se asienta tanto en lo económico como en lo social. Lo económico constituido por la satisfacción de las necesidades básicas y deseos. Lo social constituido por la calidad de vida, así como también por los derechos sociales y la cohesión social. Además, la Comisión Stiglitz- Sen- Fitoussi señala a la calidad de vida como pendiendo no sólo de las condiciones objetivas en las cuales se encuentran las personas y sus capacidades dinámicas - salud, educación, actividades personales y condiciones ambientales - sino también de las relaciones sociales, la participación en la vida política y la inseguridad. Este conjunto de elementos aunado a la evaluación de las "capacidades" de las cuales disponen las personas, constituyen un buen bloque para predecir la satisfacción que la gente obtiene de su vida. Las capacidades refieren al conjunto de posibilidades que se ofrecen a las personas y a su libertad de escoger el tipo de vida al cual otorgan valor.

Adicionalmente, según el informe de la Comisión Stiglitz-Sen-Fitoussi, es importante considerar tanto al bienestar subjetivo como el bienestar objetivo. El bienestar subjetivo comprende aspectos tales como la evaluación cognitiva de la vida, felicidad, satisfacción, emociones positivas como la alegría y el orgullo, emociones negativas como el sufrimiento y el nerviosismo.

En este momento es importante reiterar sobre la matriz cognoscente escogida para abordar el bienestar social; la integral-holónica de Ken Wilber, la que permite una comprensión ordenada, relacional y abarcadora de los datos de diferentes áreas del conocimiento, es decir, integrar las dimensiones subjetivas y objetivas, tanto como individual y colectiva del bienestar social. En la figura 5 se visualiza esta comprensión.

El primer cuadrante, el superior - izquierdo, subjetivo – individual, incluye al bienestar subjetivo. Diener (1997 citado por Dodge, 2012), conceptualiza al bienestar subjetivo como constituido de tres componentes interrelacionados: la satisfacción con la vida y los sentimientos agradables y desagradables. La satisfacción con la vida es un componente cognitivo, mientras que el componente afectivo, los sentimientos se refieren a estados de ánimo y emociones.

La teoría del equilibrio dinámico del bienestar subjetivo de Headey y Wearing (1991 citados por Dodge, 2012), incluye además de los componentes estructurales; cognitivos y emocionales, la noción de fluctuación o naturaleza cambiante del bienestar. Estas fluctuaciones se vinculan con los recursos del individuo, constituidos por sus redes de apoyo social, caracteristicas sociales y personales, además del flujo mental de la percepción de eventos vitales. La teoria de Headey y Wearing (1991) se visualiza en la figura 3.

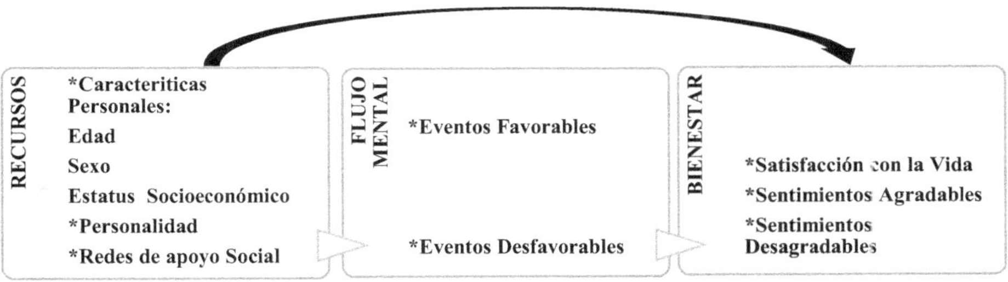

Figura 3. Teoria Dinámica del Bienestar Subjetivo de Headey y Wearing (1991). Fuente: (Dodge, 2012).

La complejidad de la conceptualización del bienestar subjetivo, involucra considerar además de los aspectos estructurales y dinámicos, el aspecto de equilibrio – homeostático. Según se cuente con recursos psicológicos, sociales y físicos la persona asumirá los retos psicológicos, sociales y físicos en su acontecer vital. Por ejemplo, cuando padecemos de artritis lumbar y debemos estar parados en cola por horas para comprar alimentos, contar con amigos para realizar la cola sería un recurso social; cuando estamos trabajando y se corta el flujo de electricidad, la resiliencia sería un recurso psicológico. Tal como se visualiza en la figura 4.

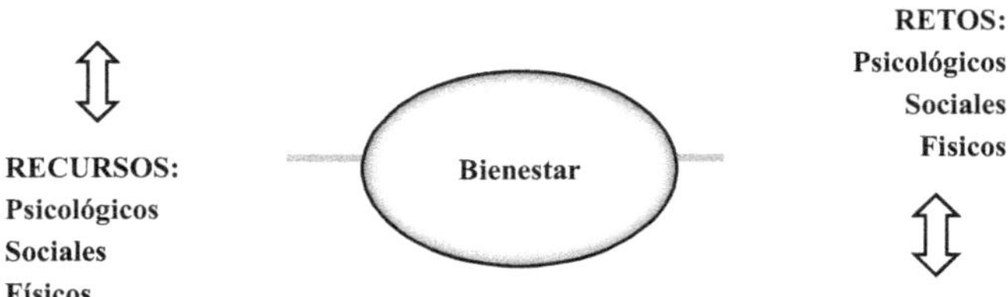

Figura 4. Equilibrio Homeostático del Bienestar Humano. Fuente: (Dodge, Daly, Huyton, & Sanders, 2012)

Se acuerda con la conceptualización de Comisión Stiglitz- Sen- Fitoussi de "calidad de vida" como pendiendo no solo de las condiciones objetivas en las cuales se encuentran las personas y sus capacidades dinámicas - salud, educación, actividades personales y condiciones ambientales - sino también de las relaciones sociales, la participación en la vida política y la inseguridad. Abandonando de esta manera la conceptualización de "calidad vida" de la Organización Mundial de la Salud (OMS, 1997) que la construye como la ***percepción del individuo*** de su posición en la vida en el contexto de los sistemas cultural y de valores en los que vive y en relación a sus metas, expectativas, normas y preocupaciones. Agrega que ésta percepción es afectada, de manera compleja, por el estado psicológico, la salud física de la persona, sus creencias personales, relaciones sociales, y su relación con los aspectos más destacados de su entorno.

En este sentido, podríamos establecer paralelismos entre el concepto de calidad de vida de la OMS y las representaciones sociales del bienestar, ambos conceptos comprenden creencias, expectativas culturales, valorativas y normativas. Sin embargo, las representaciones sociales, las que se constituyen de los conceptos, sentimientos y gustos son una característica de la sociedad, no un mero reflejo de individualidades. Entendiendo que lo subjetivo colectivo es aquello que es común entre los individuos de un grupo social o comunidad no el reflejo de individualidades.

Es pertinente subrayar, al hacer referencia a las representaciones sociales del bienestar, al cuadrante inferior izquierdo, el subjetivo – colectivo, en la matriz cognoscente del bienestar social. Desde que, ésta es la pieza que se completa en la comprensión integral del bienestar en la sociedad venezolana; es decir, la comprensión de las representaciones sociales del bienestar según estrato social, (ver Figura 5).

En relación a los Cuadrantes Segundo y Tercero – Derechos, Objetivos, Individual y Colectivo – de la matriz cognoscente del bienestar social, es decir, los correlativos objetivos del bienestar social, es muy importante destacar que han sido motivo de discusión en los ámbitos tanto académico, como económico y político. Mucho se ha escrito y cuestionado sobre cuáles son los indicadores materiales del bienestar social idóneos, éticos y posibles desde el punto de vista económico, social, político y humano.

Se considera, desde esta perspectiva objetiva, al bienestar social como un constructo complejo o compuesto, al que solo se le puede aproximar a través de la definición operacional de sus componentes de tal manera que sean susceptibles de observación y medición. El lenguaje matemático es el mediador en la aproximación al conocimiento del bienestar social a través de estadísticas, funciones matemáticas e índices.

Los principales enfoques metodológicos utilizados en la medición del bienestar social, según Rodríguez (2008), han sido tres; el de las Funciones de Utilidad, el Contable y el de Indicadores Sociales. Como ya se dijo, por un lado, el enfoque de Funciones de Utilidad parte de una teoría racional de la conducta del consumidor en la que entre todas las alternativas de consumo posibles, el consumidor elige aquella que le proporciona mayor satisfacción o utilidad, por otro lado, el concepto de la Utilidad ha sido objeto de grandes debates lo largo de la historia de la economía

El enfoque Contable establece conceptualmente una fuerte equivalencia entre crecimiento económico, desarrollo y bienestar, utilizando al Producto Nacional Bruto (PNB) como medida del bienestar social. Este paralelismo ha sido fuertemente cuestionado desde mediados de los años 60 del siglo XX, reconociéndose la no correspondencia entre PNB y el bienestar; la no correspondencia entre lo económico y lo social. Sin embargo, sigue vigente la idea de utilizar al marco contable, ahora ampliado, para solucionar el problema de la medición del bienestar social.

En el marco Contable Ampliado se plantea una cadena de igualdades a través de la cual es posible medir el bienestar social. La cadena se puede resumir de la siguiente manera: el flujo de satisfacción de necesidades = flujo de bienes y servicios que satisfacen esas necesidades = flujo del valor monetario pagado para la adquisición de esos bienes (Rodriguez, 2008). En la actualidad existe una línea de concurrencia entre los enfoques Contable y de Indicadores Sociales denominada Contabilidad Social.

Por último, en relación al Tercer cuadrante de la matriz cognoscente del bienestar social, se menciona al enfoque de Indicadores Sociales, el cual surge a mediados de los años 60 del siglo XX, como crítica al "desarrollismo" o "economicismo" que correspondía el desarrollo económico con el social. Esta perspectiva considera los aspectos sociales en la medición del bienestar. En términos generales, para Rodríguez un indicador social "es una estadística sobre los aspectos concretos del bienestar de una sociedad" (2008, pág. 8). El Sistema de Estadísticas Sociales y Demográficas de la Organización de las Naciones Unidas, define a un indicador social como: "series resumidas relativas al estado y las tendencias de las condiciones de vida y a la disponibilidad y desempeño de los servicios sociales conexos" (Citado por Rodríguez, 2008, pág.

8). Una discusión de gran alcance sobre indicadores sociales se encuentra en el trabajo de Simone Cecchini (Indicadores sociales en América Latina y el Caribe, 2005).

En la tabla 1, se encuentra un compendio de Indicadores Sociales por áreas temáticas propuestos para los países Latinoamericanos según la Comisión Económica para América Latina y el Caribe (CEPAL) (Cecchini, 2005) y para los países desarrollados según la Organización para la Cooperación y el Desarrollo económicos (OCDE).

Tabla 1

Áreas Temáticas del Compendio de Indicadores Sociales

CEPAL - Países Latinoamericanos		OCDE - Países Desarrollados
Área Temática	Sub-área Temática	Área Temática
1.- Bienestar	1.1.- Pobreza.	1.- Salud
	1.2.- Distribución del Ingreso.	2.- Educación y adquisición de
	1.3.- Hambre y desnutrición	Conocimientos
2.- Trabajo	2.1.- Empleo, desempleo y subempleo,	3.- Trabajo y Calidad de vida
	2.2.- Remuneraciones y Calidad de Empleo	laboral.
3.- Educación	3.1.- Cobertura	4.- Tiempo libre.
	3.2.- Impacto y Rendimiento	5.- Capacidad adquisitiva de
	3.3.- Recursos	bienes y servicios
4.- Salud	4.1.- Mortalidad	6.- Medio ambiente físico
	4.2.- Fecundidad, salud reproductiva y lactancia materna	7.- Entorno social
5.- Género	5.1.- Participación en la actividad económica	8.- Seguridad de las personas
	5.2.- La mujer y la pobreza	
	5.3.- Educación y capacitación de la mujer	
	5.4.- Participación Política de la mujer	
	5.5.- Violencia contra la mujer	
6.- Vivienda y servicios básicos.	6.1.- Tenencia y tipos de vivienda	
	6.2.- Servicios básicos	
7.- Población	7.1.- Tamaño, estructura y distribución geográfica de la población.	
	7.2.- Tamaño, estructura y distribución geográfica de la población.	
	7.3.- Migración	
	7.4.- Familias	
8.- Economía	8.1.- Producto	
	8.2.- Precios	
	8.3.- Gasto público social	
	8.4.- deuda	

Fuente: Diseño propio, con base a CEPAL, (2005) y (OCDE, s.f.)

Por último en relación a los índices sociales, es importante mencionar dos índices de amplio uso en las Ciencias Sociales, por los gobiernos y organismos de observancia de las condiciones de vida en el planeta: el Índice de Desarrollo Humano (IDH) y el Coeficiente de Gini.

El IDH iniciado por Mahbub ul Haq influenciado por Amartya Sen, fue continuado y elaborado en el programa de las Naciones Unidas para el Desarrollo (PNUD). El primer *Informe sobre el Desarrollo humano* del PNUD, publicado en 1990, incluyó el IDH como una medición de los logros medios obtenidos en las siguientes dimensiones: tener una vida larga y saludable, adquirir conocimientos y disfrutar de un nivel de vida digno.

El coeficiente de Gini, desarrollado por el sociólogo Corrado Gini en 1912, intenta representar la distribución de los ingresos de los residentes de una nación, derivando en una medida de desigualdad en la distribución de los mismos. Los valores varían entre 0 y 1, donde el valor 1 representa la máxima desigualdad, es decir, una persona percibe todos los ingresos de una nación y el valor 0 representa la igualdad perfecta, todos los residentes de una nación reciben el mismo ingreso. Según las Naciones Unidas, un coeficiente de Gini mayor a 0,40 es inquietante socialmente, ya que representa una brecha significativa entre los ricos y pobres residentes en una nación.

En síntesis, relato los acuerdos sobre el uso del término bienestar, traducción del inglés al español de la palabra *wellbeing*. Primero, en general, acuerdo con el uso que se le ha dado en la filosofía occidental. En este sentido, el término bienestar no solo hace referencia a cómo la vida de una persona o sociedad acontece para la persona o grupo social que la vive, sino además la discusión de cómo debemos vivir y cómo sería mejor vivir (Fletcher, 2016). Como ya se señaló, en coherencia con lo anterior, su uso se hace intercambiable con los términos buen vivir, vivir bien y bien-ser en español.

Segundo, acuerdo con la Comisión Stiglitz-Sen-Fitoussi, su visión del bienestar social (BS) como asentado tanto en lo económico y social como en lo subjetivo. Es decir, primero, asentado sobre situaciones objetivas o externas, individuales y colectivas como son: (i) las condiciones de vida materiales (ingreso, consumo y riqueza), (ii) la salud, (iii) la educación, (iv) las actividades personales, y dentro de ellas el trabajo, (v) la participación en la vida política y la gobernanza, (vi) los lazos y relaciones sociales, (vii) el medio ambiente (estado presente y porvenir), (vii) la inseguridad, tanto económica como física. Y segundo, asentado sobre condiciones subjetivas o interiores, individuales y colectivas como son: (i) la evaluación cognitiva de la vida, (ii) la felicidad, (iii) la satisfacción, (iv) las emociones positivas como la alegría y el orgullo, (v) emociones negativas como el sufrimiento y el nerviosismo, además, (vi) de la capacidad de una persona para escoger el modo de vida que valora.

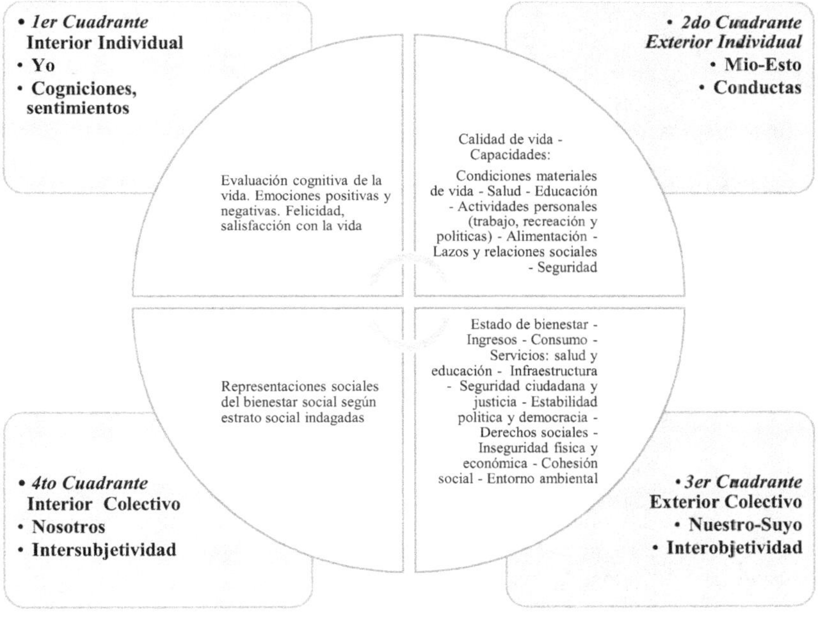

Figura 5. Matriz integral Holónica del Bienestar Social. Fuente: Diseño propio. Basado en la Teoría Integral Holónica de Ken Wilber (2001) y la conceptualización de Bienestar social de la Comisión Stiglitz-Sen-Fitoussi (Stiglitz, 2009).

El Estado venezolano y el bienestar

Como se ha dicho, según el Diccionario de la Lengua Española (RAE, 2016) el "Estado de bienestar, o estado del bienestar" refiere a la "organización del Estado en la que este tiende a procurar una mejor redistribución de la renta y mayores prestaciones sociales para los más desfavorecidos". Considerado como uno de los logros de los estados modernos, tiene su origen en Alemania a finales del siglo XIX. Sin embargo, hoy día, existen variedades de regímenes o estados de bienestar alrededor del mundo, los cuales corresponden ser analizados en el contexto socioeconómico en el que están inscritos (Messina, 2010).

Asa Briggs (1961) define al Estado de bienestar como:

…un estado en qué el poder organizado es usado deliberadamente (a través de la política y la administración) en un esfuerzo para cambiar el juego de las fuerzas del mercado en por lo menos tres direcciones – en primer lugar, para garantizar a individuos y familias un ingreso mínimo independientemente del valor del mercado de su trabajo o sus propiedades; en segundo lugar, para reducir el nivel de inseguridad al permitir que los individuos y sus familias puedan enfrentarse a determinadas "contingencias sociales" (por ejemplo, enfermedades, vejez, o desempleo) que de lo contrario conducen a crisis familiares o individuales; en tercer lugar, asegurando a todos los ciudadanos sin distinción de clase o estado acceder a un rango acordado de servicios sociales disponibles con los más elevados estándares. (Traducción propia, pág. 6).

En un sentido general, el concepto de "Estado del Bienestar" se refiere a los Estados que asumen la responsabilidad del bienestar social y económico de sus miembros. Por ende, desde que el Estado se concreta en los gobernantes haremos un perfil sociopolítico del acontecer histórico de Venezuela a partir de 1958. Con lo cual se abona a la contextualización de los resultados de esta indagación.

Luego de la caída del General Marcos Pérez Jiménez en 1958, la sociedad venezolana en su devenir democrático ha experimentado por lo menos dos panoramas políticos claramente discernibles; el consenso político cristalizado en el llamado "Pacto de Punto Fijo" y el disenso político que caracteriza a la llamada Quinta República.

El Pacto de Punto Fijo, firmado el 31 de octubre de 1958, fue un acuerdo de gobernabilidad entre los partidos políticos venezolanos Acción Democrática (AD), Partido Social Cristiano Copei (Copei) y Unión Republicana Democrática (URD), dejando por fuera al Partido Comunista de Venezuela (PCV). Como es del conocimiento público, los signatarios del pacto acordaron sobre tres aspectos: primero, defender la constitucionalidad y el derecho a gobernar según fuesen los resultados electorales, segundo, conformar un gobierno de unidad nacional sin hegemonías partidistas en el gabinete ejecutivo, tercero, ofrecer un programa mínimo común al electorado.

La Quinta República nace con la Asamblea Nacional Constituyente de Venezuela aprobada el 25 de abril de 1999 por más del 80% de los votos. El 15 de diciembre de 1999, la nueva constitución de la República Bolivariana de Venezuela fue aprobada con el 71,78% de los votos. Con ello se materializa el desplazamiento en el poder de la élite política del Pacto de Fijo por la de la Quinta República. Elites que han demostrado durante la Quinta República no reconocerse como adversarios políticos legítimos sino más bien como enemigos a eliminarse.

A pesar de esta caracterización de la sociedad venezolana post Pérez Jiménez en dos etapas políticas, hay algo que las iguala, el pobre desempeño socioeconómico a pesar de las ingentes ganancias obtenidas por el negocio petrolero. Esto en contraste, a los derechos económicos y sociales delineados por las Constituciones vigentes correspondientes, 1961 y 1999. Conviene subrayar, que desde 1904 con el Código de Minas para la Nación, el Estado, esta vez representado por el presidente de la república obtiene la facultad de administrar y otorgar concesiones petroleras. Con la Ley de Hidrocarburos de 1943, vigente hasta el año 2001, se establece en el país un régimen para todas las concesiones de hidrocarburos. Hay que mencionar, además la Ley de Hidrocarburos del 2001, vigente desde enero del año 2002, la cual señala como potestad del Estado venezolano toda la producción y distribución del petróleo. Desde el año 2011, se reconoce públicamente a las reservas de petróleo de Venezuela como las mayores probadas del mundo.

Observemos el balance social de la crisis económica de los años 80 del siglo pasado avanzado por Maza Zavala (1987):

Evidentemente los costos y cargas de la crisis se han repartido muy desigualmente, en perjuicio de la mayoría social; asalariados, desempleados, pequeña burguesía, campesinado pobre, marginales. El patrón de desigualdad socioeconómica se ha hecho más regresivo en estos años. Se ha elevado sensiblemente el índice de pobreza crítica (se estima en un tercio de la población) y el de la pobreza en general (un 75 por ciento). El nivel de vida promedio se ha deteriorado, pero en mayor proporción el correspondiente a los estratos de ingresos bajos (hasta Bs. 5.000,00 mensuales). La concentración de la riqueza y del poder económico se ha acentuado. El desempleo y el subempleo se han refugiado en el llamado sector informal. Los valores éticos fundamentales de la sociedad sufren un profundo quebranto. (pág. 59).

En vista de la situación socioeconómica descrita, el 27 de febrero de 1989, una serie de protestas y disturbios comenzaron en Guarenas, estado Miranda debido a un fuerte aumento de los precios del transporte público y a los efectos que produjo el programa de ajustes económicos del Presidente Carlos Andrés Pérez (AD) a principios de 1989. "Las primeras manifestaciones de descontento se produjeron el 23 de febrero, cuando cerca de mil amas de casa se llevaron toda la existencia de dos supermercados en Mariara, estado Carabobo. Hechos similares se registraron en San Mateo, Cagua y La Victoria, todas estas poblaciones del estado Aragua" (Morales Manzur 1993, pág. 82).

Las protestas y disturbios se extendieron rápidamente a la capital y otras ciudades en todo el país. Luego de un breve período de indecisión el gobierno impuso un "Estado de Excepción". Con la firma del Decreto N° 44, el 28 de febrero, el presidente Carlos Andrés Pérez suspendió una serie de artículos de la Constitución, incluidos el artículo 60 (derecho a la libertad individual y a la seguridad); el artículo 62 (inviolabilidad del domicilio); articulo 64 (libre tránsito), el artículo 66 (libertad de expresión y libre pensamiento); el artículo 71 (derecho a reunirse públicamente y en privado), y el artículo 115 (derecho a la protesta pacífica) (Morales Manzur, 1993). En ausencia de esos derechos constitucionales no hubo ningún decreto oficial que definiera cómo la autoridad gubernamental debía ser ejercida, estos derechos no fueron completamente restaurados hasta el 22 de marzo.

En 1999, asume la presidencia el Teniente Coronel Hugo Chávez Frías, tras unas elecciones democráticas. Una vez en el gobierno, Chávez impulsó un referéndum consultivo para convocar a una asamblea nacional constituyente, aprobada el 25 de abril de 1999 por más del 80% de los votos. Luego, promovió un segundo referéndum consultivo que ratificó, el 15 de diciembre de 1999, a la nueva constitución de la República Bolivariana de Venezuela con el 71,78% de los votos. En el inicio de su tercer período presidencial (2007-2013), Chávez anunció ante la Asamblea Nacional que llevaría a Venezuela hacia el denominado Socialismo del siglo XXI. Con lo cual pretendió trazar el camino del cambio de una economía capitalista dependiente a una economía socialista interdependiente (Trejo García, 2015).

Desde el año 2005, el Estado venezolano, en la figura del presidente de la Republica, ha ejercido su potestad expropiatoria de manera exacerbada en relación a periodos anteriores. De tal manera, que se podría inscribir el ejercicio de esta potestad como Política de Estado.

Según cifras reportadas por Sánchez Miralles (2017), entre los años 2005 al 2013, se registraron más de 150 adquisiciones forzosas publicadas en Gaceta Oficial u otros medios. Además, Sánchez Miralles reporta las siguientes cifras de la Confederación Venezolana de Industrias (Conindustria): entre los años 2002 y 2015, el Gobierno venezolano expropió e intervino 1.322 empresas. Al mismo tiempo, se ha registrado un incremento sustancial de empresas públicas o de capital mixto.

Como resultado, el Estado venezolano ha venido incrementado su operación en todas las actividades económicas, concentrando ingente cuota de poder y control económico. Es importante reiterar, que el Estado en su representación política, el gobierno nacional administra el negocio petrolero en Venezuela. Esto con fundamento a lo dispuesto por la Ley de Hidrocarburos del 2001, vigente desde enero del año 2002, que señala que toda la producción y distribución del petróleo son potestad del Estado venezolano.

El 7 de octubre del 2012, Hugo Chávez gana las elecciones para su tercer mandato presidencial de seis años. El 5 de marzo del 2013, Chávez muere y el vicepresidente, Nicolás Maduro Moros, miembro del Partido Socialista Unido de Venezuela (PSUV), se hace cargo de la presidencia hasta que se celebraron nuevas elecciones presidenciales el 14 de abril del 2013. En éstas elecciones, Maduro resulta electo presidente de Venezuela, para el período 2013-2019, por un estrecho margen (1.49%) sobre su principal contendiente Henrique Capriles Radonski, miembro de la Mesa de la Unidad Democrática (MUD). Maduro promete seguir las mismas políticas delineadas por el fallecido presidente.

El 24 de octubre de 2013, Maduro anunció la creación de una nueva dependencia, el Viceministerio de la Felicidad Suprema, para coordinar todos los programas sociales comprendidos en las Misiones Bolivarianas cuyo objetivo es disminuir los índices de pobreza y exclusión en el país.   Entre las misiones más importantes se encuentran la Misión Robinson (alfabetización), la Misión Barrio Adentro (cobertura médica gratuita) y la Misión Mercal (alimentos a precios subsidiados).

Sin embargo, desde finales del 2014, los venezolanos han estado obligados a hacer largas colas durante horas, frente a supermercados y abastos, para poder adquirir productos de primera necesidad. La oferta de productos básicos, y de todo tipo de bienes de consumo final, ha estado gravemente restringida en la economía venezolana desde el año 2015. Según el Banco Central de Venezuela (BCV), esta restricción de la oferta es debida a la baja en las importaciones y a la merma en la producción nacional (2016). Desde el año 2014 a la fecha de hoy, la capacidad de distribución de alimentos, para el pueblo por el Estado venezolano, se ha observado grandemente disminuida.

Según los indicadores del BCV (2015), la inflación en el año 2014 fue de 64,7% en Caracas y 68,5% a nivel nacional. Para el año 2015, según el BCV, la cifra oficial de inflación anualizada, al cierre del cuarto trimestre, se ubicó en 180.9 % (2016). Para el año 2016, el Gobierno Central de Venezuela reportó al Fondo Monetario Internacional (FMI) una inflación por el orden de 302,63% (Abadi, 2017). Para noviembre del 2017, según estimaciones de la Comisión de Finanzas de la Asamblea Nacional, la inflación acumulada en 11 meses fue 1369% (Abadi, 2017).

Estos índices de inflación han sido acompañados con cifras negativas continuadas del Producto Interno Bruto (PIB) de la economía venezolana desde el año 2014. Las cifras en negativo, en los cuatro trimestres del año 2014 en orden sucesivo fueron: - 5.2%, - 5.4%, - 2.7%, y, - 2.6%. Para el año 2015, el PIB de la economía venezolana se contrajo un 5.7 % (BCV, 2016). Según el Reporte Anual entregado por el Gobierno Central a la Securities and Exchange Comission de los Estados Unidos, en el año 2016, el PIB venezolano se contrajo -16,5%. Entre los años 2014 y 2017 la economía venezolana acumulo una contracción de -33,4%, incluyendo las estimaciones del FMI para el año 2017: -12% (Abadi, 2017).

Se debe agregar que, con fundamento al artículo 31 del Decreto N° 2.248 con Rango, Valor y Fuerza de Ley Orgánica que Reserva al Estado las Actividades de Exploración y Explotación del Oro y demás Minerales Estratégicos, extraídos en la Zona de Desarrollo Estratégico Nacional "Arco Minero del Orinoco", el Estado venezolano, en su representación política aumenta su ingente poder y control económico. Según el Ministro Víctor Cano, en su intervención en sesión ordinaria de Asamblea Nacional Constituyente, el 27 de diciembre del 2017, los recursos naturales del Arco Minero del Orinoco, como oro, diamante, hierro y bauxita, representan un valor de 1,6 billones de dólares.

Una comprensión clara de la situación del país no se puede lograr sin hacer referencia a la situación mundial. Según informe de las Naciones Unidas (2018), la última década ha estado signada por varios eventos negativos: la crisis financiera del 2008-2009, la crisis soberana europea del 2010-12 y los reajustes a la baja de los precios mundiales de los productos básicos, entre estos el petróleo, del 2014-2016. Sin embargo, para el año 2017 la economía mundial se ha visto robustecida, frente al año 2016, con unos crecimientos estimados en 3,0% y 2,4% respectivamente.

De la misma manera, este robustecimiento de la economía mundial ha presentado un ritmo dispar a través de distintas regiones y países, beneficiando a las economías desarrolladas y a las economías del Asia Oriental y Meridional, así como también a las economías de la Argentina, Brasil, la Federación Rusa y Nigeria, las que contribuyeron en un tercio a este crecimiento. La región América Latina y el Caribe, se incluye en el grupo de regiones para las cuales se estima un crecimiento insignificante del PIB para el período 2017-19.

Los precios mundiales del petróleo se han venido recuperando desde el año 2017, sin embargo, esta recuperación no ha incidido favorablemente en la economía venezolana, desde que, no ha compensado la caída de la producción de petrolera venezolana, estimada para octubre de 2017 por debajo de los 2 millones de barriles diarios (MMBD), (Abadi, 2017).

A pesar de la grave crisis socioeconómica en curso, en el mes de mayo del 2018, en elecciones presidenciales anticipadas convocadas por la Asamblea Nacional Constituyente, organismo supraconstitucional, resultó reelecto Nicolás Maduro Moros como presidente de la República para el periodo 2019-2025.

A la vista de los hechos, parece obvio que el asunto central de la sociedad venezolana, se podría puntualizar en la controversia relativa a qué forma de capitalismo o socialismo, o una combinación de éstos, podría no solo sostener el desenvolvimiento socioeconómico de la nación en el siglo XXI, sino también promoverlo de manera más equitativa reduciendo las desigualdades sociales en el contexto del sistema mundial de naciones que compiten por recursos, mercados y áreas de influencia. De tal modo que, la sociedad venezolana agencie el "Progreso social", definido como el bienestar que es sostenible a lo largo del tiempo por la Comisión Stiglitz - Sen - Fitoussi (Stiglitz, Sen, & Fitoussi, 2009). Esto es un asunto pendiente y urgente.

A continuación, para finalizar este aparte, se despliegan dos tablas. En la primera, la Tabla 2, se puntualizan las características y resultados no sólo de las diferentes formas de capitalismo en competencia compendiadas por Harold Kerbo (2006), sino también, las del capitalismo monopólico de Estado venezolano, denominado políticamente socialismo del siglo XIX. En la segunda, la Tabla 3, se hace un compendio de los indicadores de desarrollo humano y desigualdad de los países referidos en la Tabla 2.

Tabla 2

Formas de capitalismo en competencia y del denominado políticamente socialismo del siglo XIX

	Capitalismo dominado por las corporaciones (Neoliberal)	Capitalismo cooperativo (Corporativismo)	Capitalismo de desarrollo estatal (Modelo de desarrollo asiático)	Capitalismo de Estado monopólico – Denominado Socialismo del Siglo XIX
Países	Estados Unidos, Canadá, Reino Unido	Países de Unión Europea Occidental	Países del este y sudoeste de Asia	Venezuela, República Bolivariana
Características	• Estado pequeño. • Pocas regulaciones gubernamentales • Bajos costos de la mano de obra • Sindicatos débiles	• Gran Estado de Bienestar • Regulaciones estatales de la economía • Planificación económica • Sindicatos fuertes	• Fuerte intervención estatal • Regulación y planificación extensiva de la economía • Sindicatos débiles	• Estado concentra significativamente los medios de producción y distribución de bienes y servicios. • Bajos costos de mano de obra • Sindicatos débiles
Resultados	• Bajos costos de producción • Alta desigualdad social • Beneficios laborales bajos • Desempleo bajo • Pobreza alta • Impuestos bajos	• Altos costos de producción • Baja desigualdad social • Beneficios laborales altos • Alta seguridad laboral • Desempleo alto • Pobreza baja • Impuestos altos	• Costos de producción medios • Baja desigualdad social • Beneficios laborales medios • Seguridad laboral media • Desempleo bajo • Pobreza baja • Impuestos bajos	• Altos costos de producción • Baja desigualdad social • Beneficios laborales bajos • Desempleo alto • Pobreza alta • Impuestos bajos

Fuentes: Capitalismos en competencia, (Kerbo, 2006). Capitalismo de Estado monopólico, elaboración propia.

Tabla 3

Índices de Desarrollo Humano y Desigualdad social (Coeficientes de Gini)

Estados Unidos, Canadá, Reino Unido	Países de Unión Europea Occidental	Países del este y sudoeste de Asia	Venezuela, República Bolivariana
EEUU: 0,909 - 41,12 (2010)	Alemania 0,926 - 29,50 (2016)	Japón 0,903 – 37,90 (2011)	0,767 – 44,77 (2006) y 38,0 (2015)***
Reino Unido: 0,909 - 38,04 (2010)	Dinamarca 0,925 - 27,60 (2017)	Corea del Sur: 0,901 – 31,60 (2012)	
Canadá: 0,923 - 33,68 (2010)	Países Bajos 0,924 - 26,90 (2016)	China 0,727 – 42,20 (2011)	
	Suecia 0,913 - 27,60 (2016)	Hong Kong (China) 0,910 – 53,70 (2011)	
	Luxemburgo 0,898 - 31,00 (2016)	Malasia 0,779 – 46,20 (2009)	
	Bélgica 0,896 - 26,30 (2016)	Tailandia 0,740 - 37,80 (2013)	
	Finlandia 0,895 - 25,30 (2017)	Laos 0,580 - 36,40 (2012)	
	Austria 0,893 - 30,04 (2004)	Indonesia 0,689 - 39,50 (2013)	
	Portugal 0,843 - 33,90 (2016)	Camboya 0,563 - 36,00 (2009)	
	Suiza 0,939 - 29,40 (2016)	Singapur 0,925 - 47,30 (2011)	
	Francia 0,897 - 29,30 (2016)	Filipinas 0,680 - 40,10 (2015)	
	Italia 0,887 - 33,10 (2016)	Timor Oriental 0,606 - 28,70 (2014)	
	España 0,884 - 34,50 (2016)	Brunei 0,865 – Sin datos	

Leyenda. La primera cifra desplegada por cada país en la Tabla es el Índice de Desarrollo Humano, la segunda cifra es el Coeficiente de Gini multiplicado por 100, al lado en paréntesis el año de la cifra.
Índice de Desarrollo Humano: Muy alto: 0,890; Alto: 0,735; Medio: 0,614; Bajo: 0,493.
Coeficiente de Gini: Desigualdad perfecta = 100, Igualdad perfecta = 0.
*Índices de Desarrollo Humano del año 2015 - **Coeficiente de Gini .

Fuentes: * (ONU, 2017). ** Unión Europa: (Eurostat). ** Otros: (CIA - World Fact Book). ***
(CEPAL, 2016)

Concertando el constructo representaciones sociales

Consideraciones generales. En su acepción laxa, el constructo representaciones sociales

posibilita referirse indistintamente tanto a un pensamiento como a un sistema ideológico. El

diccionario de la Real Academia Española tiene nueve entradas para la palabra "representación";

señalaremos las cuatro que consideramos pertinentes: (i) Acción y efecto de representar, (ii)

Imagen o idea que sustituye a la realidad, (iii) Conjunto de personas que representan a una entidad, colectividad o corporación, (iv) Cosa que representa otra. La palabra compuesta representación social no está en este Diccionario.

Inicialmente propuesta por Serge Moscovici en su tesis doctoral *El Psicoanálisis, su imagen y público* en 1961, la Teoría de la Representación Social es un cuerpo conceptual dentro la psicología social y la psicología social sociológica. Según la revista *Papers on Social Representations,* la teoría se ha desarrollado como una teoría de la cognición sociocultural y de la comunicación al conectar prácticas de conocimiento, identidad, procesos psicológicos, ideología y cambio social (2016).

Definición. Una Representación Social (RS) es un constructo socio psicológico que actúa un papel simbólico, representando algo – un objeto – a alguien – una persona o grupo. Mientras esto ocurre, la representación actualmente sustituye al objeto que representa, por lo tanto se convierte en el objeto mismo para la persona o grupo en referencia. Además, una RS es una elaboración colectiva de un objeto social, con el propósito de actuar y comunicarse (Moscovici, 1979). Al respecto Moscovici, hace las siguientes distinciones entre las representaciones sociales y las representaciones colectivas: "…las representaciones colectivas se refieren a una clase general de ideas y creencias… mientras que las representaciones sociales son un fenómeno relacionado con un modo particular de comprensión y comunicación" (1984, pág. 19).

De igual modo, Moscovici concibe a las RS como estímulos explicativos en las que:

… cada estímulo es seleccionado de una vasta variedad de posibles estímulos y pueden producir una infinita variedad de reacciones. Son las imágenes preestablecidas y los paradigmas los que determinan la escogencia y restringen el rango de reacciones… en otras palabras, las RS determinan ambos, el carácter del estímulo y la respuesta que provoca, justo como en una situación particular estos determinan qué es qué (1984, pág. 61).

Además, las RS son determinadas por Moscovici (1979) como:

… una modalidad particular del conocimiento, cuya función es la elaboración de los comportamientos y la comunicación entre los individuos. La representación es un corpus organizado de conocimientos y una de las actividades psíquicas gracias a las cuales los hombres hacen inteligible la realidad física y social, se integran en un grupo o en una relación cotidiana de intercambios, liberan los poderes de su imaginación (págs. 17-18).

Según Moscovici (1979), una representación se puede calificar de social cuando: primero, se considera su extensión en una comunidad, criterio cuantitativo; segundo, se atiende como expresión de una organización social, criterio de producción, y; tercero, cuando se valora su contribución en el proceso tanto de formación y orientación de las conductas como de comunicaciones sociales, criterio funcional.

En la Teoría de Representaciones Sociales, Moscovici describe dos procesos principales por los cuales lo desconocido se hace conocido: Anclaje y objetivación. El anclaje implica la atribución de significado a los nuevos fenómenos; sean estos objetos, relaciones, experiencias o prácticas. Mediante la integración de significados en las cosmovisiones existentes los fenómenos pueden ser interpretados y se comparan con lo "ya conocido". De esta manera, la amenaza que el fenómeno extraño y desconocido plantea se disipa. En el proceso de objetivación, algo abstracto se convierte en algo casi concreto (Höijer, 2011).

Las representaciones sociales, por ende, se caracterizan tanto como proceso como resultado de la construcción social de la realidad social. Es decir, en la continua actividad socio-cognitiva-afectiva de producción, re-producción y re-interpretación de representaciones, las representaciones sociales son constantemente convertidas en realidad social, la que retorna a su creador. En este momento de caracterización conceptual, podemos distinguir un paralelismo entre la Teoría de Representaciones Sociales con la Teoría de la Construcción Social de la Realidad de Peter Berger y Thomas Luckmann (1968-2003).

Desde que nuestra visión del mundo social, la fenomenología sociológica, detallada más adelante, asume la correspondencia recíproca entre el objetivismo y el subjetivismo, es pertinente ocuparnos del desarrollo del enfoque estructuralista de la Teoría de las Representaciones Sociales.

En este enfoque, las representaciones sociales son constituidas por dos elementos sistémicos cualitativamente diferentes: un núcleo central y uno periférico (Wachelke, 2012). El núcleo central incluye elementos claves que generan el significado global de la representación y organizan toda la estructura. Estos elementos nucleares claves tienen fuertes raíces históricas e ideológicas que son consensuadas dentro del grupo. El núcleo central es el que define y distingue las representaciones: uno puede decir que dos representaciones son diferentes cuando por lo menos un elemento de sus núcleos no es el mismo. El sistema periférico, la parte flexible de la estructura, además de no ser necesariamente compartido dentro del grupo, integra información particular a la estructura conectándola con las prácticas del ambiente (Abric, 1999).

Siguiendo a Claude Flament (1994), los elementos periféricos funcionan como guiones de acción, adaptándose a las directrices del núcleo central no solo en situaciones concretas sino también en ocurrencias específicas del objeto social. Debido a su flexibilidad, su función es la de defender los contenidos del núcleo central frente a contradicciones; si hay una situación que reta los significados de los elementos nucleares centrales, el sistema periférico se activa y trata de justificar la contradicción para tolerarla. Estos mecanismos de racionalización funcionan como parachoques de lo que el núcleo central llama "esquemas extraños".

De la misma manera Flament, por una parte, incluye como funciones de las representaciones sociales a las siguientes: proveer conocimiento sobre el objeto social del grupo; mantener la identidad del grupo; guiar la acción y las prácticas con respecto al objeto; y, justificar las prácticas (1994). Por otra parte, define a las prácticas no solo como un sistema que es socialmente legitimado, sino también mediador entre las representaciones sociales y el ambiente (2001). Esto implica que ambas, las representaciones y las prácticas estén subordinadas a las restricciones ambientales. Frecuentemente, es difícil separar una representación y una práctica, desde que se encuentran en relación de correspondencia la mayoría del tiempo. Sin embargo, excepcionalmente, los eventos ambientales pueden imponer cambios en las prácticas que las hacen incompatibles con las representaciones.

Las representaciones sociales predicen prácticas sociales, en al menos dos casos: primero, cuando un actor social enfrenta una situación que involucra un objeto social y tiene una autonomía significativa de acción, libre de restricciones fuertes; y segundo, cuando carga afectivamente situaciones que activan asuntos que son compartidos dentro de una comunidad. En Ambos casos, es probable que una representación pertinente guiará la práctica y la acción (Wachelke, 2012). De ahí que las restricciones prácticas y ambientales jueguen papeles esenciales para producir cambios en las representaciones sociales, las que son estructuras simbólicas compartidas por un colectivo y activamente negociadas a través de la comunicación entre el grupo y con otros grupos.

En síntesis, la Teoría de las Representaciones Sociales es un cuerpo conceptual que actualmente se desarrolla como una teoría de la cognición socio cultural y de la comunicación. Es decir, refiere a la producción social de…"un modo particular de comprensión y comunicación" (Moscovici, 1984: 19)... gracias al cual…" los hombres hacen inteligible la realidad física y social" (Moscovici, 1979: 17-18)… con el propósito de actuar en éstas (Moscovici, 1979).

Representaciones sociales e Ideología

La teoría de las Representaciones sociales, de Serge Moscovici (1979), propone no solo dilucidar los procesos sociales involucrados en el día a día en la construcción activa del mundo por los participantes, sino también vincular al pensamiento, a la comprensión y a la acción a una gama de recursos culturales compartidos por colectivos humanos (Potter & Litton, 1985). Por su parte, el constructo Ideología se considera fundamental para el análisis y comprensión del conjunto de creencias acerca de la idoneidad de ciertas formas de relaciones humanas y sus consecuentes organizaciones política y social.

La finalidad de este aparte es establecer semejanzas, diferencias y relaciones entre los constructos Representaciones sociales e Ideología. La importancia de este ejercicio se origina en por lo menos dos aspectos: primero de orden práctico, con fundamento en éste análisis se hacen posibles las definiciones necesarias para su exploración. Y segundo de orden teórico, es pertinente establecer paralelos y disímiles entre estos dos constructos para evitar que sean considerados como intercambiables. El análisis comparativo se cernirá en las siguientes categorías: carácter socio-cognitivo, ámbitos de construcción, relaciones con lo real, y funciones sociales.

Categoría carácter socio-cognitivo. Tanto las Ideologías (*ID*) como las Representaciones sociales (*RS*) son de carácter eminentemente socio-cognitivo desde que ambos constructos comparten la propiedad de ser sistemas de creencias y representaciones de la realidad socialmente elaboradas ya sea por grupos o sociedades. Ambos refieren a un conjunto de ideas y pensamientos que son formas de conocimiento social que a la vez son producto y producen prácticas sociales.

A continuación registraré diversas conceptualizaciones de teóricos sociales de *ID* con el objeto de argumentar el carácter socio cognitivo compartido de ambos constructos. Comenzaremos con Teun van Dick (2008: 208) quien teoriza a las ideologías como…"marcos básicos de cognición social,…compartidos por miembros de grupos sociales,…constituidos por selecciones de valores socioculturales relevantes, que se organizan en esquemas…que representan la autodefinición de un grupo…". Por su parte, Slavoj Žižek (2015) traza un mapa de tres continentes de fenómenos ideológicos:

"…la ideología en tanto doctrina explícita (las convicciones articuladas sobre la naturaleza del hombre, la sociedad y el universo),…la ideología en su existencia material (las instituciones, los rituales y las prácticas que le dan cuerpo), y la ideología como…la elusiva red de actitudes y presupuestos implícitos, cuasi "espontáneos", que constituyen un momento irreductible de la reproducción de las prácticas "no ideológicas" (económicas, legales, políticas, sexuales...)". (pág. 10).

Ludovico Silva (1981, pág. 19) caracteriza a la ideología como "un sistema de valores, creencias y representaciones que autogeneran necesariamente las sociedades en cuya estructura haya relaciones de explotación…a fin de justificar idealmente su propia estructura material de explotación…"

Para Louis Althusser (1971), la práctica ideológica es uno de los elementos estructurales de la práctica social; la que refiere como:

…"al momento mismo de transformación de una materia prima determinada en un producto determinado, utilizando medios (de producción determinados)"…"la práctica teórica cae bajo la definición general de la práctica. Trabaja sobre una materia (representaciones, conceptos, hechos) que le es proporcionada por otras prácticas…En su forma más general la práctica teórica no comprende solo la práctica teórica científica, sino también la práctica teórica precientífica, es decir, "ideológica" (las formas de "conocimiento" que constituyen la prehistoria de una ciencia y sus "filosofías"). (págs. 136-137).

El concepto de Representación Colectiva, precursor del constructo Representaciones sociales tiene su origen en los trabajos de Emile Durkheim (Vera, N° 50, 2002) quien distinguió las representaciones individuales de las colectivas (representaciones sociales). La conciencia colectiva, constituida por mitos, religión, creencias y demás productos culturales, transciende según Durkheim a la conciencia individual. Seis décadas más tarde, Moscovici (1979), reiteramos, define a las RS como:

…una modalidad particular del conocimiento, cuya función es la elaboración de los comportamientos y la comunicación entre los individuos. La representación es un corpus organizado de conocimientos y una de las actividades psíquicas gracias a las cuales; los hombres hacen inteligible las realidades física y social, se integran en un grupo o en una relación cotidiana de intercambios y liberan los poderes de su imaginación. (págs. 17-18).

En otras palabras, las RS son el conocimiento de sentido común que se origina en el intercambio de las comunicaciones dentro un grupo y tiene como propósito vincularse al ambiente social del grupo. Denise Jodelet (1986) sintetiza las propiedades de las representaciones sociales como sigue: (i) son la representación de un objeto, (ii) intercambian lo sensible y la idea, la percepción y el concepto, (iii) son simbólicas y significantes, (iv) son de carácter constructivo, y (v) de carácter autónomo y creativo.

Según Jean Claude Abric (1999) las funciones de las RS incluyen: proveer conocimiento sobre el objeto social del grupo, mantener la identidad del grupo, guiar la acción y prácticas con respecto al objeto, y justificar tales prácticas. Las prácticas median a las representaciones sociales y el ambiente, la mayoría de las veces, una representación y una práctica se encuentran en una relación de correspondencia, excepto cuando los eventos ambientales imponen cambios en las prácticas haciéndose incompatibles con las representaciones.

En fin, las construcciones epistémicas avanzadas sobre Ideología y Representaciones sociales dan cuenta del carácter socio cognitivo de ambas.

Categoría ámbitos de construcción. Tanto las RS como las ID pueden ser construidas en el ámbito de lo político (i), desde que suelen darse representaciones sociales ideológicas. Sin embargo, el ámbito esencial de génesis de las ID son los espacios del poder, conflicto y antagonismo presentes en las relaciones humanas, a diferencia de las RS las que pueden ser generadas en por lo menos dos posibles escenarios de interacción social adicionales: (ii) en la apropiación popular de la divulgación científica como conocimiento de sentido común, es decir, en la popularización de la ciencia, y (iii) en la construcción cultural de los objetos sociales, tales como el género, la sexualidad, el matrimonio, la enfermedad, la salud, la locura, el bienestar social, la historia, la ciencia, etc.

Las RS, como modalidad de conocimiento, se construyen en el ámbito de la interacción social cotidiana. Las situaciones de relaciones humanas en general contribuyen a establecer RS elaboradas en la interacción entre sujetos, en un intercambio dialógico del que resultan, interpretando a Denise Jodelet (2008): (i) la transmisión de relatos de la realidad, en todos los ámbitos de comunicación – interpersonal y de masas -, (ii) la construcción del conocimiento, (iii) la expresión de acuerdos o desacuerdos sobre asuntos y objetos de interés común, y (iv) la interpretación de temas propios importantes para la vida de los participantes en la interacción, junto a la posibilidad de creación de significados o de resignificaciones consensuales o divergentes.

Moscovici (1988) describe tres tipos de representaciones sociales: (i) las representaciones hegemónicas, caracterizadas por un alto grado de consenso entre los miembros de un colectivo, (ii) las representaciones emancipadas, las que no tienen una condición hegemónica y surgen entre sub comunidades determinadas, generadoras de nuevas formas de conocimiento social. Y, (iii) las representaciones polémicas: que emergen entre grupos que viven situaciones de conflicto en relación a hechos sociales importantes y propios generando cogniciones divergentes.

Entiendo lo político, en los términos de Chantal Mouffe (2015), como espacio del poder, conflicto y antagonismo en cualquier relación humana. Espacios de poder que pueden ser visualizados tanto en las esferas de las macro relaciones de poder, desde arriba hacia abajo, descritas entre otros por Antonio Gramsci (1999), Ludovico Silva (1981) y Louis Althusser (1971), como en las esferas de las micro relaciones de poder, de abajo hacia arriba, descritas por Michel Foucault (1988). Es decir, el poder ejercido desde "arriba" hacia el sustrato social, como lo entienden Silva, Gramsci, Althusser, versus el poder ejercido desde el sustrato social "abajo" hacia "arriba", como lo entiende Foucault. Donde "arriba" y "abajo", implican tanto jerarquía como abarcamiento del tejido social. Las macro esferas del poder refieren a las relaciones entre Estados y en los Estados y grupos sociales. Las micro relaciones de poder refieren a las interrelaciones personales.

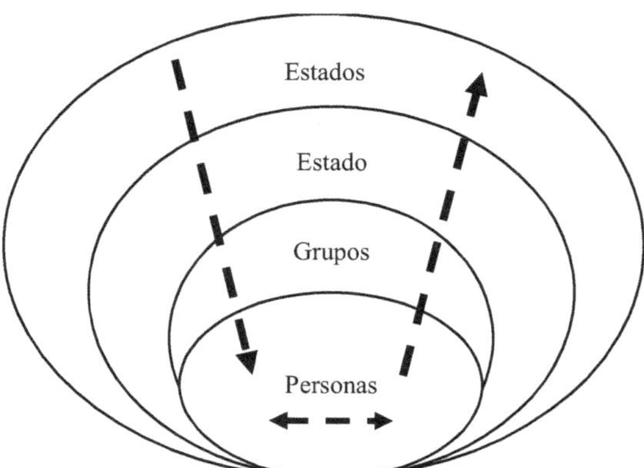

Figura N° 6. Espacios del poder y su ejercicio desde "arriba" hacia abajo y viceversa. Fuente: Diseño propio con base a los conceptos de poder de (Gramsci, 1999), (Silva, 1981), (Althusser, 1971) y (Foucault, 1988).

Por una parte, Silva (1981) propone como elemento constitutivo de la ideología a lo político, argumentando que las relaciones entre los humanos han consistido en relaciones de explotación y alienación. Por otra parte, para Gramsci (1999) las relaciones de poder generan un orden social que es la expresión de las prácticas sociales que los producen y pueden constituirse en el orden social hegemónico, el que puede ser puesto en reprobación por otras prácticas sociales o prácticas anti-hegemónicas. Gramsci (1999) concibe a las ideologías como fuerzas activamente organizativas, psicológicamente 'válidas', que moldean los ámbitos en los cuales los seres humanos operan y logran conciencia de sus situaciones sociales. En cualquier 'bloque histórico', las fuerzas materiales son el 'contenido' y la ideología la 'forma'.

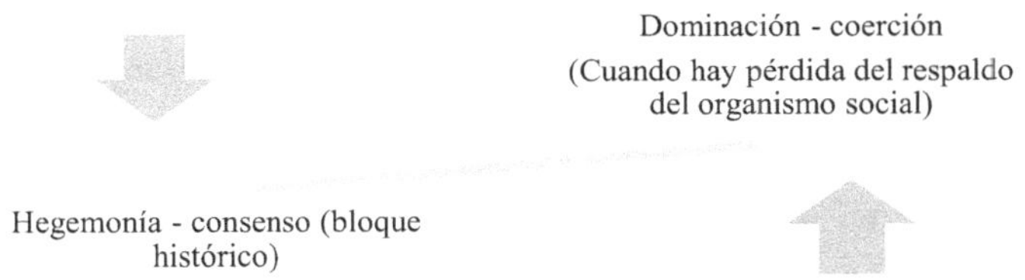

Figura N° 7. Hegemonía y dominación. Fuente: Diseño propio con base a los conceptos de Antonio Gramsci (1999).

Visto como Althusser, la ideología…"es donde los hombres toman conciencia de su combate de clase y lo llevan hasta el fin; la ideología es, bajo su forma religiosa, moral, jurídica y política, etc., una realidad social objetiva; la lucha ideológica forma parte orgánica de la lucha de clases". (Althusser, 1971: XIV). Althusser considera como Aparatos Ideológicos del Estado a las instituciones gubernamentales, como son el gobierno, el sistema de administración de justicia y de recaudación, y a las instituciones con funciones formativas como son la religión, la educación formal, la familia, el arte y la ciencia. El Estado representa a la clase económica dominante. Por otra parte, Noam Chomsky y E. Herman (1989) proponen un modelo de propaganda que supone la producción de publicidad política, un "producto" lanzado por las clases dominantes, económicas y burocráticas, a un público mediante los medios de comunicación de masas. En este modelo se visualiza al público como políticamente e ideológicamente manipulado a favor de los intereses de la industria y la burocracia gubernamental.

Por su parte Foucault (1988), al avanzar su microfísica del poder a partir del análisis de dos relaciones, contrato opresión/jurídica y lucha/sumisión – las que considera sustratos de los demás poderes; el económico y el social - escribe:

En suma, el objetivo principal de estas luchas no es tanto atacar tal o cual institución de poder, o grupo, o élite, o clase, sino más bien una técnica, una forma de poder. Esta forma de poder se ejerce sobre la vida cotidiana inmediata que clasifica a los individuos en categorías, los designa por su propia individualidad, los ata a su propia identidad, les impone una ley de verdad que deben reconocer y que los otros deben reconocer en ellos. Es una forma de poder que transforma a los individuos en sujetos. Hay dos significados de la palabra sujeto: sometido a otro a través del control y la dependencia y sujeto atado a su propia identidad por la conciencia o el conocimiento de sí mismo. Ambos significados sugieren una forma de poder que subyuga y somete. (pág. 7).

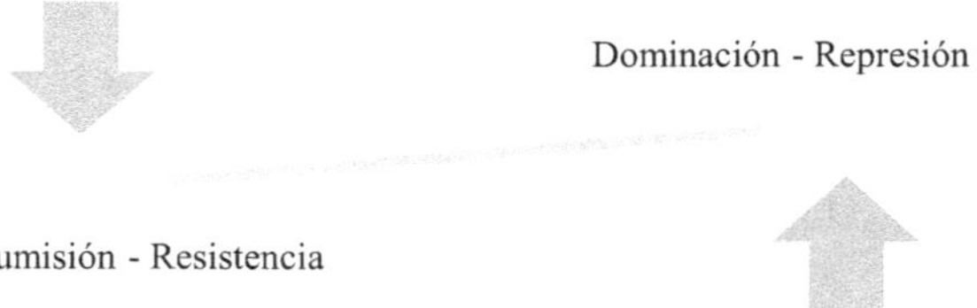

Figura 8. Microfísica del poder. Fuente: Diseño de la investigadora con base a los conceptos de Michel Foucault.

En fin, a diferencia de las Representaciones sociales que se construyen en un ámbito general o amplio de las interacciones humanas, las Ideologías se construyen en escenarios restringidos de interacciones humanas de poder y dominación.

Categoría relaciones con lo real. Según Moscovici (1979, págs. 52)…"la ciencia se preocupa por controlar a la naturaleza o por decir la verdad sobre ella; la ideología se esfuerza más bien en proporcionar un sistema general de objetivos o por justificar actos de un grupo humano. Subsecuentemente reclaman conductas y comunicaciones adecuadas". Por otro lado, Jorge Wagensberg (2002) explica que el científico, por ejercicio, somete la verdad vigente siempre a prueba. La verdad científica es entonces transitoria, inacabada y por ello grande, la fidelidad entre la realidad y su conocimiento o comprensión depende del método con el que se elabore la representación de la realidad (Wagensberg, 2002).

En las sociedades modernas, con el desarrollo de la ciencia, de los medios de comunicación de masas y de las tecnologías de la información (TICS), se difunden informaciones y conocimientos que la sociedad exige sean considerados como guías y formadores de las prácticas de la vida cotidiana y por lo tanto de las acciones que construyen la sociedad. Las representaciones sociales son el conocimiento de sentido común, social-mente elaborado, originado en el intercambio de comunicaciones del grupo social que tiene como propósito vincularse al ambiente social del grupo. Según Moscovici (1979), el sabio aficionado es un consumidor de ideas científicas las que convierte en conocimiento de sentido común valorado desigualmente en relación al conocimiento científico. Aquí se establece una relación asimétrica de saberes, el de sentido común y el científico. En este punto notamos una convergencia entre el conocimiento científico y la ideología.

Según Chomsky (1989), en tanto se permanezca fielmente dentro del sistema consensuado por la elite de presupuestos y principios, interiorizados muchas veces sin tener conciencia de ello, las ideologías permiten y fomentan debates, críticas y disidencias, es decir, son sistemas relativamente rígidos y de verdades auto-servidas.

Por su parte Wolfgang Wagner (1999), argumenta que el objeto al que se dirigen las representaciones sociales no es la realidad en sí misma, sino su reconstrucción por medio de la actividad simbólica; la construcción social de la representación social es la construcción del objeto. Además, esta identidad entre la representación social y objeto no elimina la realidad de los fenómenos sociales que han motivado la construcción.

En fin, a diferencia de la práctica de producción de conocimiento científico, en la cual la fidelidad entre la realidad, la verdad y lo sincero es sometida permanentemente a revisión, por lo tanto es conocimiento transitorio; en el conocimiento construido socialmente o de sentido común (RS), la reconstrucción simbólica de la realidad tiene como objetivo esencial posibilitar las interacciones sociales con conocimientos organizados que permiten explicarla, orientarse en esta, comunicarse y justificar posiciones y acciones dentro de un marco socio cognitivo determinado. En tanto en las ID la realidad está subordinada a su objetivo, propugnar un orden social y sus prácticas.

Categoría funciones sociales. Tanto las ID como las RS comparten las siguientes funciones, descritas por Abric (1999) como de las RS: (i) proveer conocimiento sobre el objeto social del grupo, organizando las actitudes y conocimientos sociales del grupo, (ii) mantener la identidad del grupo, generando la autodefinición de un grupo, (iii) guiar la acción y prácticas con respecto al objeto, y justificar tales prácticas, de tal manera que dados (i), (ii) y (iii) custodian indirectamente

las prácticas sociales grupales, y por consiguiente también el texto y el habla de sus miembros –
el discurso – como lo señala van Dick (2008).

Sin embargo, la ideología tiene una función peculiar que se deriva de su ámbito esencial de
generación, el poder, ésta función es sostener los intereses de los individuos, grupos y Estados en
relación y por ello comprende una posibilidad partidista de verdad auto-servida. Reiteramos, en las
ideologías la realidad está subordinada a su función esencial – propugnar un orden social y sus
prácticas-.

Por su parte Moscovici (1979) señala como funciones de las *RS* las siguientes:

…la elaboración de los comportamientos y la comunicación entre los individuos. Es un

corpus organizado de conocimientos y una de las actividades psíquicas gracias a las cuales

los hombres hacen inteligible la realidad física y social, se integran en un grupo o en una

relación cotidiana de intercambios, liberan los poderes de su imaginación. (págs. 17-18).

Seguimos a Abric (1999) para ampliar sobre las funciones de las R*S*: (i) proveer
conocimiento sobre el objeto social del grupo, (ii) mantener la identidad del grupo, (iii) guiar la
acción y prácticas con respecto al objeto, y (iv) justificar tales prácticas. La función conocimiento
permite a los actores sociales adquirir y proveer conocimiento sobre el objeto social del grupo,
comprender y explicar la realidad, adquirir nuevos conocimientos e integrarlos, y por ende,
facilitan y son condición necesaria para la comunicación, intercambio social, transmisión y
difusión de conocimiento en un marco socio cognitivo común. En su función identitaria, las
representaciones sociales permiten la elaboración individual y grupal de una definición de
identidad que establece la especificidad del grupo, desde que éstas sitúan a los actores sociales en
un contexto social o sistema de normas y valores determinados histórica y socialmente.

En su función de orientación, las RS guían los comportamientos y prácticas sociales desde que intervienen en la definición de la finalidad de situaciones sociales y de las relaciones apropiadas para los actores en tales situaciones. Por lo tanto, permiten el funcionamiento de un sistema predictivo o anticipatorio sobre la realidad y posibilitan la selección de información para la acción en un contexto social determinado. Y por último, en su función justificativa, las representaciones sociales permiten a los actores sociales explicar y argumentar sobre sus comportamientos y posiciones asumidas en una situación determinada.

Según van Dijk (2008), las ideologías custodian indirectamente las prácticas sociales grupales, y por consiguiente también el texto y el habla de sus miembros: el discurso. Para establecer las relaciones entre las ideologías y el discurso seguiremos a van Dijk (2006):

…las ideologías son las bases de las actitudes de grupo y otras creencias, y por lo tanto también el control de los "modelos mentales sesgados" personales que subyacen en la producción del discurso ideológico… Cuando las ideologías se asignan en el discurso, por lo general se expresan en términos de sus propias estructuras subyacentes, como la polarización entre la descripción endogrupo positiva y descripción exogrupo negativa …Por lo tanto, en todos los niveles del texto puede evidenciarse la influencia del 'sesgo' ideológico de los modelos mentales subyacentes y las representaciones sociales basadas en ideologías. (págs. 138-139).

Es decir, las RS y las ID comparten las funciones de conocimiento, identitaria, de orientación, justificación, de custodia indirecta de las prácticas sociales grupales, y por consiguiente también del discurso. Sin embargo, las ID presentan un rasgo que las distingue funcionalmente de las representaciones sociales, su función esencial, sostener los intereses de los grupos en poder económico, político y social; haciéndoles creer a los sujetos que sus intereses y los de ellos son los mismos de tal manera imbrican la reproducción de las relaciones sociales de producción y burocráticas.

En suma, las Representaciones Sociales (RS) incluyen a las ideologías (ID) en lo concerniente a su carácter socio cognitivo y funcionamientos compartidos. Las construcciones epistémicas recorridas sobre ID y RS dan cuenta del carácter socio cognitivo de ambas. En cuanto a sus funciones sociales, las RS y las ID comparten las funciones de conocimiento, identitaria, de orientación, justificación, de custodia indirecta de las prácticas sociales grupales, y por consiguiente también del discurso. Sin embargo, *las* ID presentan un rasgo que las distingue funcionalmente de las representaciones sociales, su función esencial, sostener los intereses de los grupos de poder económico, político y social haciéndole creer a los sujetos que sus intereses son los de los grupos dominantes. Este rasgo distintivo se deriva del ámbito de construcción, desde que, las RS se construyen en un ámbito general o amplio de interacciones humanas; mientras que, las ID se construyen en escenarios restringidos de interacciones humanas de poder y dominación.

Por último, en cuanto a las relaciones con lo real, a diferencia de la práctica de producción de conocimiento científico en la cual la fidelidad entre la realidad y la verdad es sometida permanentemente a prueba y por lo tanto es transitoria; en el conocimiento de sentido común (representaciones sociales), la reconstrucción simbólica de la realidad tiene como objetivo esencial posibilitar las interacciones sociales con conocimientos organizados que permiten explicarla, orientarse en esta, comunicarse y justificar posiciones y acciones dentro de un marco socio cognitivo determinado. En tanto que en las ID, la realidad está subordinada a su función esencial; propugnar un orden social y sus prácticas.

Estratificación social

Según Harold Kerbo (2006), en el ámbito de las teorías de la estratificación social existe consenso sobre la definición de estratificación social como un sistema de reglas bastante predecibles de clasificación de los individuos y grupos en jerarquías. Estos sistemas de estratificación implican la distribución desigual de los bienes, servicios y prestigio, lo cual sin ideologías o sistemas de creencias que justifiquen tal desigualdad sería poco probable que se sostuvieran en el tiempo.

Sin embargo, este consenso termina en la definición, desde que en la sociología clásica se pueden distinguir tres teorías de la estratificación social: la de Carlos Marx propuesta inicialmente en el *Manifiesto del Partido Comunista* (1848), la de Emile Durkheim avanzada en su obra *La División Social del Trabajo en la Sociedad* (1893) y la de Max Weber expuesta en su obra *Economía y Sociedad* (1922). Además, de la teoría de la estratificación social contemporánea de Pierre Bourdieu desplegada, entre otras, en su obra *La distinción: Criterio y bases sociales del gusto* (1979).

En cuanto a la aproximación teórica de la estratificación social de Carlos Marx y Federico Engels aún se discute si es unidimensional o bidimensional. Para Kerbo (2006), la aproximación teórica de la estratificación social marxiana se apuntala en solo la dimensión económica, es decir, en la propiedad de los bienes de producción como fundamento de la estratificación social a través de la historia. A diferencia de Guillermo Rojas Brítez (2011), quien señala a la concepción marxiana de estratificación social como binaria, es decir, una síntesis combinatoria de lo económico y lo político. Es decir, no solo la posición con respecto a los bienes de producción sino también la posición política o la lucha clases como motor de la historia.

La concepción binaria de la estratificación social marxiana permite predecir, por un lado, la desaparición de las desigualdades y la estratificación social una vez eliminada la propiedad privada de los bienes de producción en cualquier sociedad. Y por otro lado, comprender a la lucha de clases como motor de los cambios sociales. Estas dos premisas puestas en marcha en las sociedades que se denominan a sí mismas socialistas o comunistas ocasionan y promueven una conflictividad sociopolítica explícita, exacerbada y permanente, como podría ser el caso de la sociedad venezolana actual.

Por otra parte, Emile Durkheim (1895, 1982), en su perspectiva holística, centró su interés en cómo las partes y los procesos dentro de las sociedades trabajan para el bien del todo, por ende, atendió poco a las clasificaciones jerárquicas de las personas dentro de las sociedades. Aun así, Durkheim hizo mención de dos tipos de desigualdades dentro de las sociedades: la desigualdad externa y la desigualdad interna. Las desigualdades externas, predominantes en las sociedades preindustriales, son las impuestas a las personas por las circunstancias sociales de su nacimiento, en otras palabras, atribuidas al estatus. Sin embargo, en la sociedades industriales toda desigualdad externa compromete la solidaridad orgánica, es decir, pone en peligro el orden social y el buen funcionamiento de la división del trabajo. En contraste, las desigualdades internas basadas en el talento individual, o el estatus alcanzado, las consideró necesarias para el buen funcionamiento del sistema industrial. En consecuencia, a las personas con los talentos adecuados, se les debía permitir desplazarse a posiciones donde sus talentos serían también los más adecuados (Kerbo, 2006).

Así mismo, Durkheim creía que se necesitaba la desigualdad basada en el mérito no tanto por la eficiencia de las sociedades industriales sino por la solidaridad e integración moral de la sociedad. Esto hace diferente su enfoque a los de muchos de los funcionalistas modernos, aun cuando se pudieran trazar paralelismos. El predominio de la desigualdad interna sobre la desigualdad externa, a su juicio, era lo más importante para el mantenimiento de la solidaridad social, la integración moral y la cooperación (Kerbo, 2006). Esta forma de desigualdad humana basada en el mérito y la capacidad permite explicar a los estratos medios en las sociedades capitalistas como grupos humanos con diferentes calificaciones situados entre el estrato social propietario de los bienes de producción y estrato social compuesto por trabajadores con poca o ninguna calificación. Estratos medios que en las sociedad venezolana actual que se denomina socialista no sólo se conciben como soporte del estrato social propietario de los bienes de producción, sino también, como enemigo político del conjunto de los trabajadores con poca o ninguna capacitación.

En la teoría multidimensional de la estratificación social de Max Weber (1922, 1978), los seres humanos siempre han estado clasificados jerárquicamente no sólo por la propiedad económica, sino también por sus competencias profesionales, el estatus, el poder de organización o de clase, y el poder del partido político (Brítez Rojas, 2011). Así mismo, Weber reconoció que la gente pudiera clasificarse jerárquicamente por honor, estatus o prestigio con respecto a un sistema de valores sólidamente defendido, en particular los basados en la religión, el poder político y de organización de los sindicatos y la burocracia.

La visión multidimensional de la estratificación social de Max Weber permitió no solo explicar el crecimiento de la clase media en las sociedades capitalistas sino también explicar por qué las desigualdades y la estratificación no desaparecen en las sociedades que se llaman a sí mismas socialistas y comunistas. Por un lado, las clases medias surgen como producto del crecimiento de ocupaciones calificadas entre los dueños del capital y la clase trabajadora no calificada. Por otro lado, cuando una de las dimensiones de la estratificación social es minimizada, otras dimensiones vendrían a ser más importantes (Kerbo, 2006). Tal es el caso de la sociedad

venezolana hoy día donde se busca disminuir la importancia de la propiedad privada al mismo tiempo que se aumenta la importancia de la dimensión del poder y control de las burocracias estatales.

Por último, atenderemos a la teoría macro sociológica contemporánea de Pierre Bourdieu, la que pretende no sólo transcender la oposición entre estructuralismo y subjetivismo, sino también dar cuenta de la estratificación, la reproducción y el cambio social en las sociedades modernas. En este sentido, Bourdieu avanza cuatro conceptos relacionales centrales: capital, habitus, campo social y poder simbólico, esenciales en su comprensión de la estratificación social. Sin embargo, el concepto de capital provee un mapa de las principales divisiones sociales en las sociedades contemporáneas (Bourdieu (a), 1987).

En cuanto al capital, este refiere a los recursos, los que pueden variar de distintas maneras incluyendo a los económicos, sociales, culturales y simbólicos. A pesar de su variedad, la noción de capital conserva su sentido de bien económico. Esto es, los recursos se producen, se distribuyen, satisfacen necesidades, son escasos y se desean acumular.

Por su parte, el capital económico incluye básicamente a los ingresos y la propiedad. Por otra lado, el capital social comprende a las conexiones o redes sociales duraderas y útiles, más o menos institucionalizadas, de entre-conocimiento y entre-reconocimiento (Bourdieu, 1980). En relación al capital cultural, este no solo incluye tanto a la educación informal como a la formal y sus credenciales, sino además, a la ciencia y objetos culturales como el arte, libros, instrumentos. En último lugar, el capital simbólico que involucra tanto a la buena reputación como al estatus social.

Todos estos recursos o capitales pueden ser medidos en dos dimensiones: cantidad y estructura. Por consiguiente, cualquier agente en particular puede poseer una combinación de recursos con más o menos cantidades de capital, estructurado en diferentes proporciones. En términos generales, el volumen y la estructura del capital determinan la posición de clase o la posición en el espacio social de un agente.

El concepto de habitus no sólo da cuenta del proceso mediante el cual lo social se interioriza en los individuos, sino también de cómo concuerdan las estructuras objetivas con las subjetivas. El habitus, un conjunto de disposiciones preconscientes, incluye gustos, sentido de sí mismo, posturas corporales, y, esencialmente, el dominio de lo práctico. Así mismo, involucra un conjunto organizado de relaciones y sentidos históricos incorporados a los agentes sociales (Gutiérrez, 2005). Aunque el habitus se establece primariamente en la familia, en algunas sociedades la escuela puede jugar un papel fundamental. Además, en general, el habitus produce patrones de comportamientos primordiales para la reproducción de clase o posición en el espacio social de un agente. Esto es, el habitus traduce diferentes posiciones de clase, especificadas por las diferentes formas de capital, en conductas observables.

Los campos sociales son espacios de juegos sociales agonistas en los cuales los agentes luchan entre ellos para alcanzar una forma de capital. Estos espacios de relaciones objetivas, históricamente constituidos y con leyes de funcionamiento propio se pueden señalar indefinidamente, sin embargo, los principales son: el económico, el político y el de producción cultural (Bourdieu, 1987). En cada campo social se juega un capital específico, implicando las siguientes leyes generales de funcionamiento: (i) son sistemas de posiciones y de relaciones entre posiciones, (ii) son juegos de intereses entre jugadores, (iii) se dan en un momento histórico, (iv) implican relaciones de fuerza entre los agentes o instituciones, (v) funcionan como campos de lucha social para conservar o transformar la estructura de distribución del capital, estructura de distribución que define al campo social, (vi) se caracterizan por acuerdos de intereses comunes relativos al campo entre los agentes agonistas, (vii) por último, invariablemente determinan y redefinen históricamente los límites del campo y sus relaciones con otros campos (Gutiérrez, 2005).

Los campos sociales derivan sus características de los capitales que los originan. Esto es, por ejemplo, el capital económico origina un campo económico, el capital conocimiento origina un campo cultural. Del mismo modo ocurre con las otras formas de capital.

Por último, el poder simbólico, noción esencial para la reproducción social, se deriva de la distorsión cognoscitiva que consiste en otorgar carácter natural a las reglas que gobiernan los campos sociales, Por lo tanto, el poder simbólico involucra la percepción y reconocimiento de las diversas formas de capital como legítimas y naturalmente dadas (Bourdieu, 1984).

En suma, los recursos de un agente producen un carácter los que a su vez generan una clase particular de patrones de conducta observable en el contexto particular de un juego social. Con estos vínculos entre los conceptos capital, habitus, campo y poder simbólico, Bourdieu da cuenta de la estratificación social, la reproducción social y el cambio social.

Escenario II – Contexto ontológico y epistemológico

El objetivo de este aparte es realizar un recorrido a través de los paradigmas fundantes de la indagación científica a modo de visualizar el camino en el cual halle un acomodo, la fenomenología sociológica.

Comienzo mi recorrido atinando en las siguientes líneas mi itinerario; si concebimos a un paradigma como un sistema básico de creencias basado en supuestos ontológicos, epistemológicos y metodológicos (Guba & Lincoln, 1994), inicialmente, la tarea de asumir estos supuestos lejos de traer certidumbres a mi quehacer fundacional investigativo lo que asomó fue la incertidumbre. Sin embargo, comienzo con mi primer supuesto; al igual que Humberto Maturana y Roy Bhaskar entiendo a la dimensión ontológica como primordial.

Por un lado, la razón de la importancia de la dimensión ontológica para Maturana (1996) se deriva de que toda acción humana, individual, comunitaria y social implica, expresa o implícitamente, la respuesta a la pregunta ¿qué es la realidad? Por otro lado, Bhaskar (1998) plantea no sólo la reivindicación de la ontología como una necesidad, sino también de una ontología estructurada y diferenciada que se presuponía necesariamente por la práctica científica y, en particular, por la práctica de la experimentación científica. Mi razón se deriva del siguiente postulado; cualquier teoría o sistema interrelacionado de conceptos refiere a la realidad y teorizar es el fin último de cualquier indagación científica.

Los paradigmas basados en la ontología podrían determinarse de manera muy amplia como el Idealismo y el Realismo. El idealismo ontológico plantea que las entidades están constituidas enteramente por el discurso, el lenguaje, textos, símbolos, significados. Esto en contraste con el Realismo y sus dos principales expresiones, el realismo empírico y el realismo crítico (Fox, 2008). Por un lado, para el realismo empírico, el cual incluye al realismo estructural y científico, las entidades son eventos atomatizables y observables (Valles, 1999). Por otro lado, el realismo crítico plantea que las entidades son estratificadas, emergentes, relacionales y procesuales (Archer, Bhaskar, Collier, Lawson, & Norrie, 1998).

Monismo ontológico – Realismo

Inicio este camino, con el realismo ingenuo positivista, en el cual la realidad se concibe no solo como independiente a la presencia humana, sino también como un mundo externo compuesto por objetos que siguen un sin número de reglas o leyes. La tarea epistemológica es descubrir esta realidad y su producto son sistemas conceptuales que la reflejan. La actividad científica consecuentemente consiste en verificar a través de la observación la correspondencia entre sistemas conceptuales y la realidad así supuesta, lo que hace del camino investigativo hipotético-deductivo. El positivismo asume que la ciencia es ambas: monista en su desarrollo y deductiva en su estructura.

El positivismo ingenuo rechaza como formas de entendimiento del mundo a la experiencia humana, a la interpretación y al razonamiento. De la misma manera, intenta realizar generalizaciones independientemente del contexto.

Por otra parte, el filósofo de las ciencias Roy Bhaskar muestra, en su obra *Teoría Realista de la Ciencia* (1975), una alternativa tanto al positivismo como a los postmodernos denominada comprensivamente como Realismo Crítico. Este movimiento filosófico y de las ciencias humanas, que comprende al realismo transcendental y al naturalismo crítico, propone la posibilidad de combinar y reconciliar al realismo ontológico, al relativismo epistemológico y a la racionalidad crítica (Archer, Bhaskar, Collier, Lawson, & Norrie, 1998).

Consideremos ahora, en palabras de Bhaskar sus críticas al positivismo:

…el positivismo no puede sostener ambas, la necesidad y la universalidad – particularmente transfactualmente (en los sistemas tanto abiertos como cerrados) – de las leyes; con respecto a la ontología (1) esta era irreducible a la epistemología; (2) esta no identificaba los dominios de la realidad: el actual y el empírico, y (3) "que la realidad" era estratificada, permitiendo emergencia y diferenciación. Esto es, en consecuencia para las tres clases de profundidad ontológica, las que pueden ser resumidas en los conceptos de intransitividad, transfactualidad y estratificación (1998, pág. xi).

Al respecto, en el realismo transcendental, en primer lugar, la intransitividad refiere a distinguir la "falacia epistemológica" en la tradición occidental antropocéntrica de reducir "lo que es" a lo que se "puede conocer". La falla en esta distinción resulta en la reificación de los productos falibles de la ciencia, en otras palabras, el ser es irreductible a su conocimiento. En segundo lugar, la transfactualidad refiere a reconocer la "falacia del actualismo", es decir, las leyes de la naturaleza operan independientemente no solo de las condiciones en las cuales ocurren sino de su identificación por el humano.   Y por último, en tercer lugar, la estratificación de la naturaleza se refleja en la ciencia, no solo dentro de una ciencia sino a través de una serie de ciencias, de esta forma se establece la emergencia basada en la multiplidad de los mecanismos naturales.

Por lo que se refiere al naturalismo crítico, este alega superar las dicotomías entre lo individual y lo colectivo, entre el hiper naturalismo positivista y el anti-naturalismo hermenéutico, a través de su modelo transformacional de la actividad social. En el cual, la sociedad es visualizada como relacional y emergente. Así mismo, alega superar las dicotomías entre la mente y el cuerpo, entre la sociedad y la naturaleza a través de concebir a la mente como un poder emergente de la materia.

Abundando, el realismo crítico concibe no solo que algunas entidades existen independientemente de su identificación por el humano, sino también que existe una realidad pero muchas interpretaciones. Al respecto, describe cuatro modos de esa la realidad única: el material, artefactual, ideal y social. La realidad material refiere a, por ejemplo, los océanos, los sistemas climáticos, las montañas, los planetas. La realidad artefactual refiere a todo aquello material construido por el humano, tal como, las computadoras, las herramientas, los cosméticos. Así mismo, la realidad ideal refiere al discurso, al lenguaje, los signos, los símbolos, ideas, creencias, textos, explicaciones, conceptos, modelos, teorías. Y por último, la realidad social refiere a, por ejemplo, los mecanismos del mercado, organizaciones, las estructuras de clases y de género, normas, reglas y convenciones.

Todavía cabe señalar, que para el realismo crítico, la realidad se puede estratificar en tres dominios: el empírico constituido por las experiencias y las percepciones; el actual constituido por eventos y acciones; y finalmente, el dominio profundo constituido por acuerdos, códigos, costumbres, convenciones, leyes, normas, obligaciones, procedimientos, rituales, valores, instituciones, organizaciones, estructuras. Además, como ya se apuntó, la realidad es caracterizada como emergente, transformacional, sistemáticamente abierta, procesual y frecuentemente relacional.

En síntesis, el realismo crítico no sólo subordina la epistemología a la ontología sino que reconoce la fragilidad del conocimiento por razones epistemológicas. Así mismo, asume la derivación del conocimiento a través del descubrimiento de los mecanismos causales y a la verdad como difícil pero no imposible. También, sustituye a la causalidad Humeana por tendencias y relaciones funcionales. Por lo cual, su metodología es causal-explicativa, esto es, la explicación se logra a través de descubrir y entender los mecanismos causales, además de hacerse de la mano de técnicas de investigación principalmente pero no exclusivamente cualitativas.

Hay que mencionar además, al realismo crítico y al pragmatismo como teorías fundantes de los llamados diseños mixtos o integrados, es decir, aquellas indagaciones donde se utiliza como estrategia no solo combinar métodos cualitativos con cuantitativos sino también integrar datos e información, cuantitativa y cualitativa respectivamente (Creswell, 2009). Sin embargo, existe preocupación en la comunidad científica con respecto a la práctica de indagación con estrategia de integración. En palabras de Martin Lipscomb (2011): "Específicamente, mezclar conceptos realistas y no realistas de los eventos y de las entidades de los eventos puede causar confusión, así también, el mezclar métodos de indagación basados en la inferencia abductiva del realismo crítico causa problemas con las formas de inferencias inductivas y deductivas preferidas por las filosofías tradicionales de investigación". (pág. 2).

Finalizo mi recorrido por la región del monismo ontológico, atendiendo al pragmatismo. Tal como lo señala Creswell (2009), el pragmatismo además de no adherirse a algún sistema filosófico ni concepción de la realidad, propone la libertad de escoger métodos, técnicas, procedimientos que sirvan a las necesidades y propósitos del investigador. Así mismo, el pragmatismo concibe como verdad a aquello que funciona para lograr estos propósitos. Sin embargo, Lipscomb (2011) señala a esta concepción del pragmatismo como una sobresimplicación que ha servido inapropiadamente como teoria fundante a los diseños mixtos. Limpscomb señala como la razón de este mal entendido, el obviar las grandes diferencias no sólo entre los teóricos fundadores del pragmatismo como los son Charles Sanders Peirce, William James, John Dewey, sino también entre los pragmatistas modernos como Richard Rorty y Nicolas Rescher. Diferencias que están fuera del alcance de este camino detallar.

Relativismo ontológico – Fenomenología

Inicio el relato de mi atención al relativismo ontológico señalando que en estricto contraste con el realismo, el idealismo ontológico supone la supremacía de la epistemología sobre la ontología. Desde que para el idealismo ontológico, la realidad es una construcción epistemológica de la conciencia humana (Leeds-Hurwitz, 2009). De lo cual se deriva no solo la indivisible unicidad de la epistemología y la ontología sino también la multiplicidad de las realidades o relativismo ontológico. Si la realidad es una construcción social humana, existen, en el sentido más extremo, tantas realidades como humanos interrelacionados socialmente. De lo anterior deriva no solo la tarea epistemológica que implica tanto construir realidades como interpretar realidades, es decir, hacer interpretaciones de interpretaciones, hacer construcciones de construcciones, sino también construir el conocimiento de los escenarios o contextos de estas construcciones. Esta aproximación a la realidad también se puede denominar interpretativa, subjetiva, nominalista, anti positivista, volitiva de la naturaleza humana, construccionista o constructivista e ideográfica.

Entiendo a la fenomenología trascendental y la fenomenología existencial hermenéutica como instancias del idealismo ontológico. Para la fenomenología trascendental, la realidad consiste en objetos y eventos, es decir, en los fenómenos tal y como son percibidos o entendidos por la conciencia humana, conceptualizada por Husserl (1913), como:

…tomamos la conciencia en un sentido plenario que se ofrece inmediatamente y que designamos de la manera más sencilla por medio del cogito cartesiano, del "yo pienso". Como es sabido, fue entendido por Descartes tan ampliamente, que abraza todo "yo percibo, yo me acuerdo, yo fantaseo, yo juzgo, siento, apetezco, quiero" y, así, todas las demás vivencias semejantes del yo, en sus innumerables y fluyentes formas especiales. (pág. 78).

Husserl inició su fenomenología como un denominado realismo fenomenológico al establecer una diferenciación clave entre el acto de conciencia "noesis" y el fenómeno al cual a conciencia se dirige intencionalmente "noema". Sin embargo, más tarde Husserl desarrolla a fenomenología transcendental o idealismo transcendental, en el cual los términos noesis y noema no identifican elementos distintos, solo aportan vehículos lingüísticos para referirse a a interpenetración de cada uno por otros aspectos de un todo más inclusivo, el mundo de la vida, en su sentido más amplio. Con ello, elimina la hipótesis de la existencia de cualquier objeto externo a la conciencia y se concentra no sólo en las estructuras ideales esenciales de la conciencia sino también en el método de reducción fenomenológica o transcendental (Beyer, 2015).

Para Husserl, la fenomenología fundamenta tanto a la indagación filosófica como a la indagación científica, desde que en la reducción fenomenológica o transcendental el investigador, siempre en primera persona, suspende o hace paréntesis tanto de sus supuestos sobre el tiempo, el espacio y la causalidad, como de sus supuestos psicológicos. Este acto de suspensión es denominado Epojé. Así mismo, el término reducción indica la indagación reflexiva de la conciencia, del ser mismo en sí mismo. Una especie de meditación, que transforma al filósofo en fenomenólogo, e incluye no solo la mente del filósofo sino también el pathos o sus emociones. En este proceso de meditación, el filósofo por un lado se hace consciente del Yo, es decir, del ego humano, de la constitución del ego, y de él como espectador, y por otro lado, se deshumaniza a sí mismo. En la experiencia de la reducción fenomenológica, en otras palabras, en la experiencia de maravillarse ocurre el conocimiento original de lo existente o epistemología (Cogan, 2016).

La perspectiva epistemológica de Husserl se basa en que toda conciencia es conciencia de algo, estableciendo así la relación entre noesis y noema. Describir la conciencia, entonces, es el problema epistemológico desde que sin conciencia ningún conocimiento es posible.

Por otra parte, la fenomenología existencial concibe a la realidad como el "existir allí", lo que evita la división entre lo interno y lo externo. Esto, debido a que la conciencia como transparencia pura revela la cosa de la cual nosotros estamos directamente conscientes. Al mismo tiempo, la conciencia misma incluye estar consciente de ambos; por un lado, del estar relacionándose con, y por otro lado, del no ser aquello de lo que se es consciente (Trundle, 2015). Desarrollada inicialmente por Martin Heidegger (1927), alumno de Husserl, la fenomenología existencial tiene notables representantes en Karl Jaspers (1883–1969), Hannah Arendt (1906 - 1975), Emmanuel Levinas (1906 - 1995) , Gabriel Marcel (1889 -1973), Jean-Paul Sartre (1905-1980) y Maurice Merleau-Ponty (1908 - 1961).

Heidegger (1962) estableció lo que denominó "la diferencia ontológica", es decir, una diferenciación entre las entidades y la existencia de las entidades. Por un lado, Heidegger claramente señala que "Las entidades son, muy independientes de la experiencia a través de las cuales son develadas, de la experiencia en el que son descubiertas y de la captación en la que se determina su naturaleza", es decir, lo óntico (Heidegger, 1962, pág. 251). Y por otro lado, señala que la existencia de las entidades es solo el entendimiento de esas entidades por la existencia de algo, a la cual el entendimiento de la existencia pertenece, esto es, el "Dasein", lo ontológico. Escribió Heidegger, el "Dasein" "es ontológicamente distinguible por el hecho de que, en su propia existencia, esa existencia es asunto para ésta" (Heidegger, 1962, pág. 3). "Dasein" es un término que usó Heidegger para designar a los seres humanos, asi como también a la manera de existir que es única para ellos, es decir, el mundo de la vida de los humanos (Stepanich, 1991).

Según Stepanich (1991), esta concepción ontológica aparta a Heidegger del realismo y lo acerca al idealismo. De la misma manera, Adorno (1973) critica, en su libro *La jerga de la autenticidad*", en general, al existencialismo alemán como un reflejo de la banalización del autoritarismo, y a Heidegger en particular, desde que, para Adorno, la filosofía de Heidegger lejos de superar a la filosofía transcendental la soporta.

Teoría Crítica – Materialismo Histórico

Las criticas de Adorno a la fenomenologia existencial nos introducen en el realismo histórico de la Escuela de Frankfurt y a la Teoría Crítica. Adorno, como miembro de la escuela de Frankfurt, asume a la filosofia como una mediación dialéctica de sujeto y objeto, en una sociedad de intercambio basada en clases sociales. Una "sociedad de intercambio", según Adorno, es aquella que ha llegado a ser organizada no solo en torno a la producción de valores de cambio, sino también para el intercambio de valores. Asi mismo, es una sociedad donde prevalece el nexo entre producción y poder, lo cual denomina "principio de intercambio" (Zuidervaart, 2015).

El existencialismo, entonces para Adorno, fija una noción de subjetividad y de ser-en-sí-mismo que carece de la determinación histórica de la realidad social objetiva. Acerca de lo cual, Adorno acierta al existencialismo como:

"…una jerga que emplea una teoría del lenguaje nominalista y vacía, en la cual las palabras son fichas intercambiables, intocadas por la historia"…"La historia se entromete en cada palabra y retiene cada palabra de la recuperación de algunos presuntos significados, esos significados que la jerga siempre está tratando de rastrear" (2003, pág. 5).

De igual manera, Adorno se refiere a la terminología utilizada por Heiddeger en *El Ser y el Tiempo* asertando

…el uso empírico de palabras ceremoniales sagradas hace que, ambos, el hablante y el oyente crean en su presencia corporal. Éstas (las palabras) son atomizadas mecánicamente y disfrazadas sin haber sido cambiadas. Entonces, éstas (las palabras) se convierten en más importantes que la jerga denominada como sistema (Adorno, 2003: 4)…el simbolísmo de la jerga no representa relaciones sociales actuales sino preferiblemente simbolizan solo las relaciones entre conceptos abstractos. Perderse en el fetichismo de la jerga es la actualización del desarrollo histórico como el desarrollo de la conciencia humana. (2003, pág. xiii).

La teoría crítica, que se inicia con Carlos Marx y Sigmund Freud, no solo se expande a través del siglo XX para cubrir áreas tales como la crítica literaria, la lingüística, la semiótica, la psicología, la filosofía, el feminismo, sino que también incluye métodos tales como el estructuralismo, el postestructuralismo, la deconstrucción y el posmodernismo.

Junto con Adorno (1903-1969), algunos de los más prominentes representantes de la primera generación de teóricos críticos de la Escuela de Frankfurt son Max Horkheimer (1895-1973), Herbert Marcuse (1898-1979), Walter Benjamín (1892-1940), Friedrich Pollock (1894-1970), Leo Lowenthal (1900-1993) y Eric Fromm (1900-1980). Así mismo, la segunda generación de teóricos críticos, desde 1970, ha sido liderada por Jürgen Habermas.

En términos generales, los teóricos críticos conciben al conocimiento no solo como crítica social, sino también como acciones sociales para la transformación de la realidad. De esta caracterización teleológica del conocimiento se desprende que la teoría crítica se mueva, parafraseando a James Bohman, en medio de la contingencia de una realidad no crítica y objetivada de los hechos, y la normatividad de idealizaciones utópicas, es decir, dentro del llamado problema de la teoría y la práctica (2015). Es por ello, que a la luz de las diversas respuestas a la cuestión de la teoria y la práctica, y a la defensa del múltiperspectivismo de las interpretaciones, la teoría crítica no solo ya incluye múltiples enfoques, sino también una extensiva pluralidad metodológica.

La pluralidad metodológica de la escuela de Frankfurt puede ser referida como una contradicción al hacerse de la mano tanto del método empírico como del fenomenológico. Sin embargo, Habermas, al subsumir al análisis fenomenológico y trascendental en una teoría materialista de la evolución social, propone una solución a esta contradicción. De igual manera plantea a la teoría materialista como parte de la teoría del conocimiento emancipador el cual consiste en la auto-reflexión de la evolución cultural. Teoría del conocimiento considerada como cuasi transcendental.

Finalizo mi atención a la Teoría Crítica, señalando a mi modo de ver su importancia: rescatar en cualquier ámbito de su desarrollo la racionalidad crítica.

Fenomenología sociológica – Correspondencia entre objetivismo y subjetivismo

La teoría sociológica… "requiere una explicación sistemática de la relación dialéctica entre las realidades estructurales y la empresa humana de construir la realidad en la historia"

(Berger & Luckmann, 1968 - 2003, pág. 227)

Finalizo mi recorrido a través de los paradigmas fundantes de la indagación científica en el lugar donde hallé mi acomodo: la sociología fenomenológica, iniciada por Alfred Schütz (1899-1959) y complementada por Peter L. Berger y Thomas Luckmann (1929 y 1927 respectivamente). En ésta acuerdo los fundamentos teóricos de la metódica de mis indagaciones en general, y en específico sobre el *Bienestar social: su representación y estrato*.

La razón de este acuerdo se halla en que en la fenomenología sociológica advierto, al igual que Carlos Belvedere (2015), la voluntad de poner en entredicho tanto al objetivismo como al subjetivismo para encontrar una superación a esta antinomia en su recíproca correspondencia. Esto es, en la pertenencia del pensamiento a lo pensado, en palabras de Berger: "Lo que sigue sociológicamente esencial es el reconocimiento de que todos los universos simbólicos y todas las legitimaciones son productos humanos; su existencia se basa en la vida de individuos concretos, y fuera de esas vidas carecen de existencia empírica" (Berger, 1968 – 2003: 161). Y, en palabras de

Belvedere (2013): "La fenomenología simplemente viene a recordarnos que toda objetividad es constituida por una subjetividad".

Entre las obras de Schütz están *La Fenomenología del Mundo Social* (1932), *Colección de Papeles I-III* (1962) y *Las Estructuras del Mundo de Vida* en colaboración con Thomas Luckmann (1973). De la misma manera, Peter Berger y Thomas Luckmann son co-autores de la obra *La Construcción Social de la Realidad: Un tratado de Sociología del Conocimiento* (1966).

Schütz abordó la relación entre la filosofía y las ciencias sociales en general en el ensayo *Concepto y Formación de la Teoría en las Ciencias Sociales* (1954). En éste, al contestar la posición positivista de las ciencias sociales de Ernest Nagel, hizo tres proposiciones básicas:

1. El objetivo primario de las ciencias sociales es obtener conocimiento organizado de la realidad social. El término de "realidad social" deseo sea entendido como la suma total de los objetos y ocurrencias dentro del mundo socio cultural, tal y como es experimentado, en el pensamiento de sentido común por el hombre en su vida cotidiana con su prójimo, conectado con ellos en múltiples relaciones de interacción...

2. Todas las formas de naturalismo y empirismo lógico simplemente dan por sentado esta realidad social, la cual es el objeto propio de las ciencias sociales. La intersubjetividad, la interacción, la intercomunicación y el lenguaje simplemente se presuponen como supuestos no clarificados de éstas teorías. Ellos asumen, como si así fuese, que el científico social ha resuelto sus problemas fundamentales, antes de empezar la indagación científica...

3. La identificación de la experiencia con la observación sensorial en general y la experiencia de las conductas manifiestas en particular excluye a varias dimensiones de la realidad social de toda posible indagación. (Schütz, 1954, págs. 261-262).

De lo anterior se pueden realizar al menos tres derivaciones. La primera, en concurrencia con Luckmann y Berger (1968 - 2003), es con referencia a la existencia de la realidad social constituida por elementos tanto subjetivos como objetivos en interelación recíproca. La sociedad entendida como un incesante proceso dialéctico compuesto por tres momentos simultáneos: externalización, objetivación e internalización. Más sobre lo dicho, …"el cambio social debe entenderse siempre como vinculado por una relación dialéctica, a la "historia de las ideas". Las apreciaciones tanto "idealistas" como "materialistas" de esta relación pasan por alto dicha dialéctica y de ese modo distorsionan la historia". (Berger, 1968 – 2003, pág. 161).

Schüzt reconoce la existencia del mundo social externalizado como producto de la práctica humana al señalar:

La fenomenología nos ha enseñado el concepto de epojé fenomenológico, la suspensión de nuestra creencia en la realidad del mundo como mecanismo destinado a superar la actitud natural…Se puede aventurar la sugerencia de que el hombre, en la actitud natural, utiliza también una epojé específica. No suspende la creencia en el mundo exterior y sus objetos, por el contrario, suspende la duda de su existencia. (Schtüz, citado por Natanson, 1974, pág. 29).

Del mismo modo, Schütz reconoce la transcendencia de la situación - natural y social - como constantes definidas concretamente por las acciones del ser humano:

Me encuentro a mi mísmo en mi vida cotidiana dentro de un mundo que no he construido. Yo conozco esta realidad, y este conocimiento pertenece a mi situación biográfica. Existe, primero, mi conocimiento de que la naturaleza trasciende la realidad de mi vida cotidiana en ambos en tiempo y espacio. En tiempo, el mundo natural existe antes de mi nacimiento y continuará existiendo después de mi muerte…Yo sé, además que de manera similar el mundo social trasciende mi realidad cotidiana. Yo nací en un mundo social preorganizado que me sobrevivirá, un mundo externo compartido con mis contemporáneos quienes están organizados en grupos, un mundo que tiene sus horizontes particulares abiertos en el tiempo, en el espacio, y también en lo que llaman los sociológos la distancia social (Schüzt, 1962, pags. 329-330, citado por Natanson, 1998).

La segunda derivación es con referencia a la intersubjetividad, al mundo de vida y su conocimiento, las que Schüzt compone junto a Husserl. El ser humano solo puede ser una subjetividad que experimenta al mundo en tanto que es un miembro de una comunidad de sujetos (Husserl, 1995). En nuestra actitud natural, tomamos al mundo de vida como garantizado y no lo cuestionamos, cuando lo cuestionamos empezamos a hacer ciencia. Es sobre este mundo de vida que se teoriza científicamente. Pero, la relación entre la ciencia y el mundo de vida no es estática, tal como lo indicó Husserl (1995), con el paso del tiempo los supuestos teóricos forman parte del mundo de la vida. La ciencia es entonces un modo particular - marcadamente teórico - de relacionarse con el mundo.

Abundando, Schüzt (1964) propone la indagación de la vida cotidiana con el propósito, primero, de describir y analizar las estructuras esenciales del mundo de vida y, segundo, como modo en el cual la subjetividad está involucrada en la construcción de los significados sociales, las acciones sociales y situaciones. Tomando en cuenta lo anterior, Schüzt (1964) acertó a la materia de estudio de las ciencias sociales como "construcciones de segundo orden", construidas sobre la base de las construcciones de "primer orden" elaboradas por los agentes sociales.

La tercera derivación es con respecto a la desnaturalización de la realidad social, desde que se considera al orden social como un producto de la actividad humana. El orden social no es parte de la naturaleza y no sigue sus reglas. La tarea de la teoría social es dar cuenta de cómo los seres humanos, a través de múltiples formas de interacción, crean y dan forma a las instituciones y estructuras sociales. Las que al comienzo pueden tener el carácter de una realidad común e intersubjetiva, pero eventualmente se externalizan y alcanzan el momento de realidad objetivada (Berger, 1968 - 2003). En palabras de Berger y Luckmann:

Tiene importancia retener que la objetividad del mundo institucional, por masiva que pueda parecer al individuo, es una objetividad de producción y construcción humana…El mundo institucional es una actividad humana objetivada, así como lo es cada institución de por sí…Más adelante nos ocuparemos de la paradoja que consiste en que el hombre sea capaz de producir un mundo que luego ha de experimentarse como algo distinto de un producto humano. Por el momento es importante destacar que la relación entre el hombre, productor, y el mundo social, su producto, es y sigue siendo dialéctica. Vale decir, que el hombre (no aislado, por supuesto, sino en sus colectividades) y su mundo social interactúan. El producto vuelve a actuar sobre el productor. (1968 – 2003, pág. 81).

Todavía cabe detallar las tres momentos simultáneos del proceso de construcción de la realidad social; externalización, objetivación e internalización. La externalización es el proceso mediante el cual, por su propia actividad, los humanos crean sus mundos sociales. El mundo natural es dado a los humanos, tal como lo es el ambiente físico. Por el contrario, el mundo social es creado por los humanos a través de la cultura. La cual puede entenderse por un lado, como material referida a edificaciones, herramientas y tecnología; por ejemplo, urbanizaciones, barrios, computadoras, carros. Y por otro lado, como no material o de orden abstracto referida a normas, valores, creencias, instituciones; por ejemplo, instituciones como el dinero, el matrimonio, el concubinato, valores como el bienestar, la solidaridad. Estos hechos culturales, mientras más abstractos no sólo son mas significativos sino también más dependientes del ser humano en su creación. Tal como lo dice Maturana (1986), "Todo lo dicho es dicho por alguien".

Además, el humano encultura a la naturaleza, por ejemplo, cuando hacemos de las aguas termales un centro de sanación, o de recreación, cuando hacemos de los mares desagües de aguas negras, vías de transporte, lugares de recreación y pesca, cuando hacemos de las montañas límites políticos entre naciones. Reitero, la construcción de la realidad social es un proceso mediante el cual el humano crea continuamente, a través de sus acciones e interacciones, una realidad compartida que es experimentada tanto como un hecho objetivo como significativamente subjetivo.

La objetivación es el proceso mediante el cual los individuos aprehenden la vida cotidiana como ordenada, una realidad preordenada que se impone sobre sí misma, aparentemente independiente de los seres humanos. Este proceso resulta de los siguientes cuatro aspectos; la institucionalización, la historicidad, la legitimación y el lenguaje. La *institucionalización* ocurre cuando conductas significativas se convierten en hábitos y rutinas por generaciones, de lo cual se deriva su *historicidad*; en el devenir de generaciones que entran y se van del mundo las instituciones se consolidan. La legitimación proviene de otorgar a los significados bases cognitivas y morales que las explican y justifican – las ideologías. Y por último, el lenguaje que no solo es el medio a través del cual los significados se incrustan en nuestras vidas, sino tambien que se experimenta como una entidad externa, social objetiva.

La internalización es el proceso mediante el cual los humanos aprenden las legitimaciones del orden social, embalamos al mundo cultural en nuestras mentes a través del proceso de socialización. En fin, la cultura nos define como humanos.

Figura 9. Proceso dialéctico continuo de construcción de la realidad social. Fuente: Diseño propio, basado en la Teoría de la Construcción Social de la Realidad de Peter Berger y Thomas Luckmann (1968 - 2003).

Resumiendo, la fenomenología sociológica concibe a la realidad social como un producto humano externalizado y objetivado actuante sobre los seres humanos. Es por ello, que la sociedad es entendida como un incesante proceso dialéctico compuesto por tres momentos simultáneos: externalización, objetivación e internalización. Así mismo, propone a la indagación de la vida cotidiana como primordial, esto con el propósito de no solo describir y analizar las estructuras esenciales del mundo de vida sino tambien como modo en el cual la subjetividad está involucrada en la construcción de los significados sociales, las acciones y situaciones sociales.

Finalizo con una breve reflexión sobre la importancia de este recorrido para mí: ha significado un proceso de identificación consciente con una visión del mundo: la fenomenología sociológica.

Escenario III – Metodológico

Supuestos y estrategia de indagación

Producto de la reflexión epistémica y ontológica, asumo los siguientes supuestos: primero, asumo ontológicamente una correspondencia constitutiva entre la construcción social del conocimiento y la construcción social de la realidad social. Segundo, asumo epistemológicamente al proceso de construcción del conocimiento como inductivo, interpretativo y de historización. Y tercero, en consistencia con estos supuestos, asumo metodológicamente la postura filosófica denominada fenomenología sociológica desarrollada por Alfred Schütz, Thomas Luckmann y Peter Berger. La fenomenología sociológica tiene sus raíces en las fenomenologías transcendental y existencial creadas por Edmund Husserl y Martin Heidegger respectivamente, tal como han sido descritas en el Escenario II – Contexto ontológico y epistemológico

Por ello, en la estrategia de indagación se enfatiza la correspondencia constitutiva entre la construcción social del conocimiento y la construcción de la realidad social. Donde los fenómenos sociales existen en la forma de significados subjetivos (conocimiento y valoraciones), en la forma del contexto intersubjetivo (discurso de la comunidad o identidad colectiva), así como en movimiento en el tiempo (trayectoria compartida) – Por derivación, mi estrategia de indagación es inductiva, interpretativa y de historización (Pouliot, 2007).

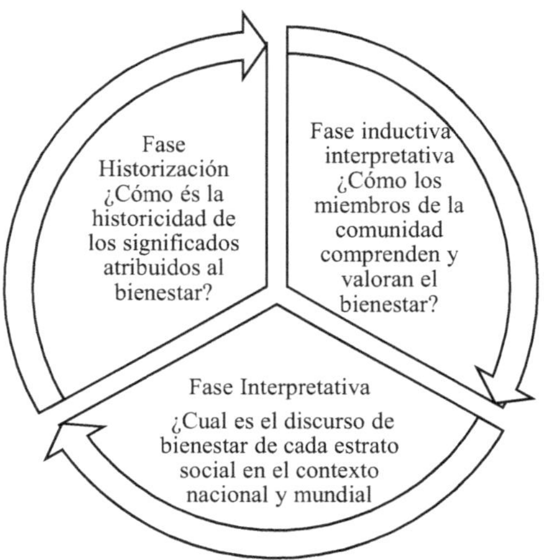

Figura N° 10. Estrategia de investigación. Fuente: Diseño propio.

Contexto socio temporal de la indagación

Las ciudades de Valencia y Caracas de la República Bolivariana de Venezuela son el espacio social de esta indagación. En cuanto al contexto temporal, se ubica en el lapso en que cual el cuestionario fue respondido por los informantes, entre junio del año 2017 a marzo del 2018, aun cuando esta indagación se inició en marzo del 2014.

Informantes

Criterio de selección. Los criterios de selección de los informantes fueron familiaridad y cercanía. La familiaridad alude a aquellas personas que mantienen una relación de conocimiento y trato, de primer o segundo grado, con la investigadora, por ende, también involucra proximidad aunque no necesariamente geográfica. Dado que, parafraseando a Pierre Bourdieu (1999), la cercanía y la familiaridad abonan el intercambio comunicacional disminuyendo tanto los sesgos de reactividad y expectación ocasionados por la posición social o cultural del investigador y del informante, como las inhibiciones que el informante pueda sentir en un contexto de objetivos impuestos.

Los informantes. Los informantes quienes participaron de manera voluntaria fueron cuarenta (40), sin embargo, más que el número de informantes, se considera de mayor importancia el análisis. Esto comprende a los criterios de saturación y veracidad en la distinción de los patrones sociales emergentes para su posterior transferibilidad en las que el fenómeno estudiado ocurre.

Características de los informantes. La visión del mundo asumida, la fenomenología sociológica, implica no solo concebir a la realidad social como un producto humano externalizado y objetivado actuante sobre los seres humanos, sino también, asumir a todos los universos simbólicos o representativos como creaciones de individuos humanos determinados. En atención a estos supuestos, se caracterizó y clasificó por estrato social a los informantes.

Todos venezolanos, los informantes son personas mayores de 18 años. En las figuras 11, 12, 13 y 14, a continuación, se visualizan la composición de los informantes por estrato, sexo, edad y afiliación política. En la investigación no fueron incluidos informantes del estrato social V, de pobreza extrema, desde que es complejo para la investigadora, primero, alcanzar familiaridad y cercanía con ellos, y, segundo, lograr que permitan ser entrevistados y grabados.

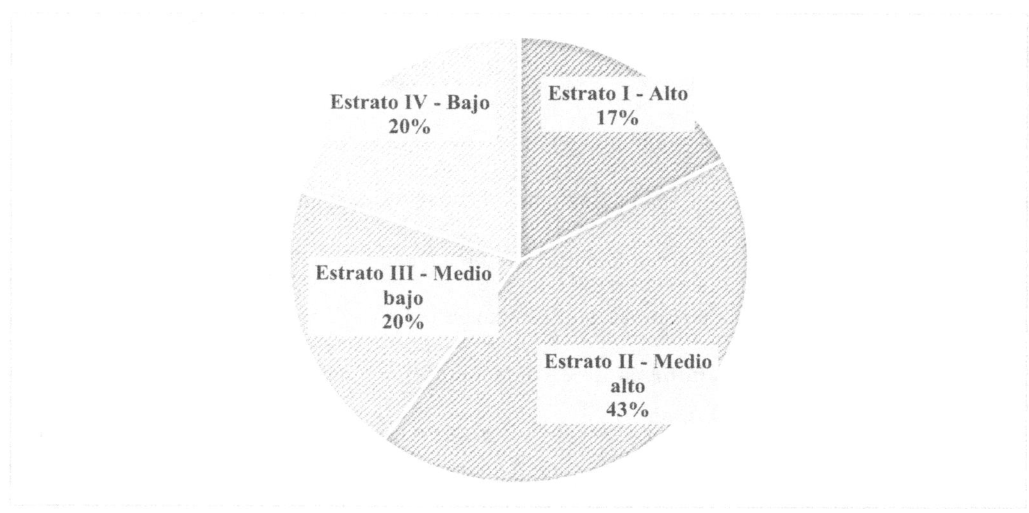

Figura 11. Composición por Estrato social de los informantes. Fuente: Elaboración propia.

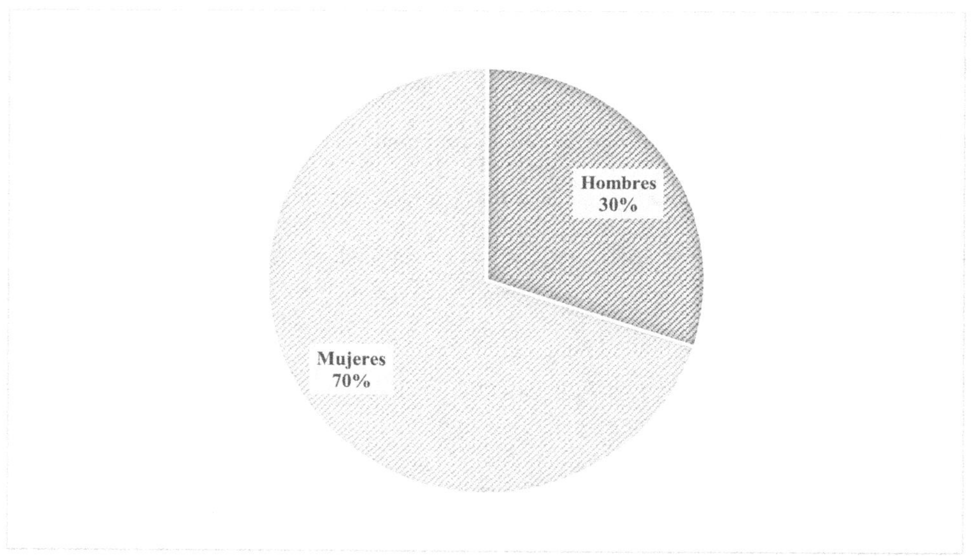

Figura 12. Composición por sexo de los informantes. Fuente: Elaboración propia.

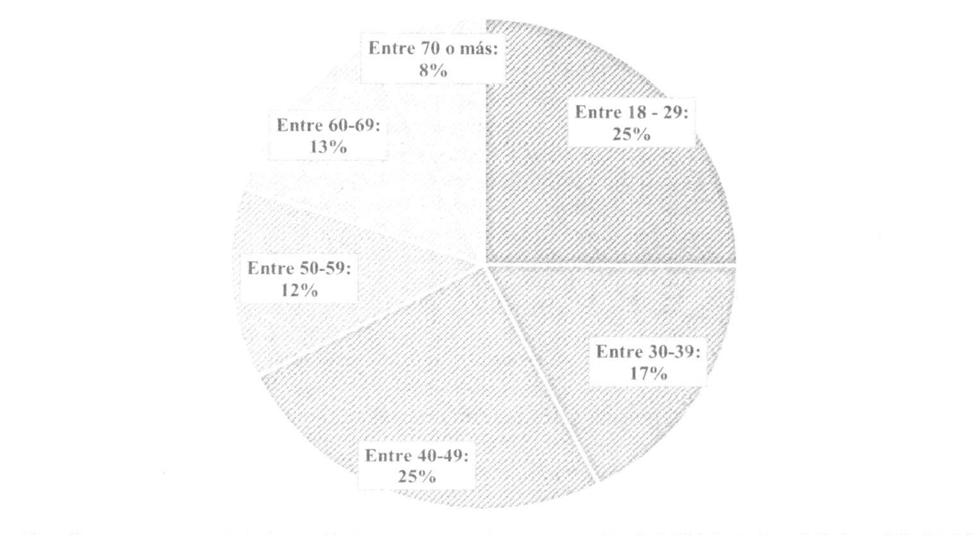

Figura 13. Composición por edad de los informantes. Fuente: Elaboración propia.

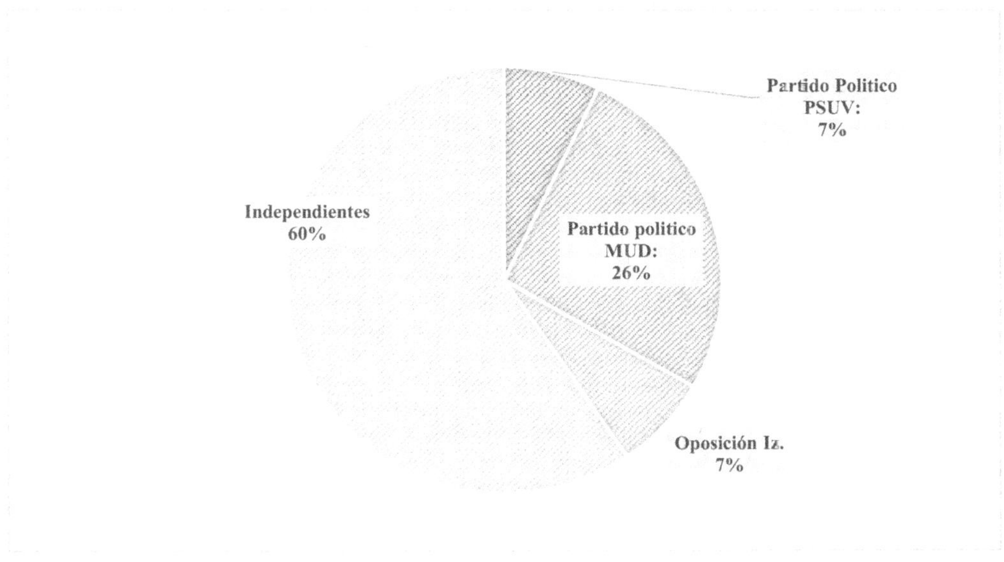

Figura 14. Composición por preferencias políticas de los informantes. Fuente: Elaboración propia.

78

Método de estratificación social Graffar-Méndez Castellano. El método escogido para clasificar a los informantes según estrato social fue el Graffar-Méndez Castellano, el que es una modificación del Método francés Graffar realizada y probada por el Dr. Hernán Méndez Castellano en el marco del llamado *Proyecto Venezuela* en el *Estudio Piloto del Estado Carabobo* en 1978. El método Graffar-Méndez Castellano luego de varias validaciones por expertos, en 1981 es asumido como el sistema de estratificación social oficial de Fundacredesa, fundación gubernamental cuya misión es "impulsar y desarrollar políticas sociales y el poder popular del país, mediante procesos de investigación y formación de carácter social" (Fundacredesa, 2016).

El método referido consiste en estratificar a la población con base a cuatro categorías: profesión del jefe/a de la familia, nivel de instrucción de los padres, fuente de ingresos y condiciones de alojamiento, donde a cada categoría se le asignan unos valores (ver Tablas 4 y 5).

Tabla 4:
Determinación del Estrato Social según Escala Graffar- Méndez Castellano

Total valor obtenido	Estrato social
4, 5, 6	I
7, 8, 9	II
10, 11, 12	III
13, 14, 15, 16	IV
17, 18, 19, 20	V

Fuente: (INE, 2018).

Tabla 5

Estratificación social según el Método Graffar-Méndez Castellano

	Categorías	Puntaje	Ítems
1.	**Profesión de jefe de familia**	1	Profesión Universitaria, financistas, banqueros, comerciantes, todos de alta productividad, Oficiales de las Fuerzas Armadas (si tienen un rango de educación superior)
		2	Profesión técnica superior, medianos comerciantes, productores
		3	Empleados sin profesión universitaria, con técnica media, pequeños comerciantes, o productores
		4	Obreros especializados y parte de los trabajadores del sector informal (con primaria completa)
		5	Obreros no especializados y otra parte del sector informal de la economía (sin primaria completa)
2.	**Nivel de instrucción de la madre**	1	Enseñanza universitaria o su equivalente
		2	Profesión técnica Superior completa, enseñanza secundaria completa, técnica media (continua en la próxima página)
		3	Enseñanza secundaria incompleta, técnica inferior
		4	Enseñanza primaria, o alfabeta (con algún grado de instrucción primaria)
		5	Analfabeta
3.	**Principal fuente de ingreso de la familia**	1	Fortuna heredada o adquirida
		2	Ganancias o beneficios, honorarios profesionales
		3	Sueldo mensual
		4	Salario semanal, por día, entrada a destajo
		5	Donaciones de origen público o privado
4.	**Condiciones de alojamiento**	1	Vivienda con óptimas condiciones sanitarias en gran ambiente de lujo
		2	Viviendas con óptimas condiciones sanitarias en ambientes con lujo sin exceso y suficientes espacios
		3	Viviendas con buena condiciones sanitarias en espacios reducidos o no, pero siempre menores que las viviendas 1 y 2
		4	Viviendas con ambientes espaciosos o reducidos y/o con deficiencias en algunas condiciones sanitarias
		5	Rancho o vivienda con condiciones sanitarias marcadamente inadecuadas

Fuente: (Méndez Castellano & Méndez, 1994).

Recolección de datos

Cuestionario auto administrado y guía de entrevista. *Consideraciones generales.*
Cuando me plantee comprender el conocimiento, los sentimientos y significados que tiene del bienestar social la sociedad venezolana estratificada, imaginé que la manera mas idónea de acceder a ésta información era preguntárselo a venezolanos quienes a través de sus respuestas se convertirían en los informantes de esta indagación.

Hacer preguntas según como se lleven a cabo puede derivar inicialmente en por lo menos tres formas útiles de recabar información: una encuesta, un cuestionario y una entrevista. Una encuesta supone hacer preguntas cerradas o semi abiertas a colectivos estadisticamente representativos de poblaciones con el objetivo de obtener información: Esta puede ser autoadministrada o administrada por un encuestador, tambien puede tener carácter anónimo o no.

Un cuestionario también implica hacer preguntas, sin embargo, en el contexto de una investigación deductiva, nomológica implica que cada pregunta es una hipótesis de investigación, es decir, se verifica un supuesto en relación a cada respuesta. En estricto contraste, en el contexto de una indagación inductiva, interpretativa e ideográfica, cada pregunta es una ocasión para suscitar la enunciación de significados propios de quién los enuncia, sin suponer que verifican algun supuesto previamente establecido o hipótesis.

De la misma, hacer preguntas es uno de los componentes de una entrevista, pero en el contexto de una relación interpersonal. Entonces, ya sea a manera de cuestionario autoadministrado o como guía de entrevista, las preguntas abiertas de un cuestionario en el contexto de una ingación inductiva, interpretativa e idiográfica tienen como intención suscitar la enunciación de significados, comprensiones y conocimientos sin la pretensión de que estas confirmen un supuesto establecido previamente. Como es el caso del cuestionario utilizado en esta indagación.

Las preguntas consideradas necesarias para suscitar tanto la enunciación de significados como la caracterización y clasificación de los informantes para su determinación, se constituyeron en un cuestionario que consta de dos partes.

El cuestionario cuyas respuestas son de carácter anónimo, fue enviado vía internet a los informantes seleccionados residentes en las ciudades de Valencia y Caracas. La participación fue totalmente voluntaria. El cuestionario solo pudo ser respondido una vez desde una dirección IP independientemente del ordenador. Aquellos informantes, seleccionados con los mismos criterios, familiaridad y cercanía, que no tenían para el momento de la investigación acceso a internet, o no son usuarios, se les entrevistó siguiendo las preguntas del cuestionario. Todos los informantes entrevistados, residentes en la ciudad de Valencia, resultaron ser clasificados como pertenecientes al estrato social IV.

La primera parte del cuestionario consiste en cinco preguntas abiertas, las cuales se visualizan en su relación a las líneas estratégicas y tácticas de esta investigación en la tabla 6, denominada Matriz de congruencia del cuestionario. La segunda parte consiste en preguntas de selección múltiple determinadas, por un lado, por el método Graffar-Méndez Castellano de estratificación social; por el otro lado, con el fin de caracterizar a los informantes según edad, sexo y preferencia política.

Tabla 6

Matriz de congruencia del cuestionario, Bienestar social: su representación y estrato

Líneas estratégicas	Líneas Tácticas	Preguntas
		Preguntas Abiertas
Comprender el conocimiento y significados que tiene del bienestar social la sociedad venezolana estratificada con el fin de teorizar	¿Cómo los miembros de las comunidades entienden e interpretan al bienestar social?	1.- Según tu opinión ¿qué es vivir bien en una comunidad? 2.- Según tu creencia ¿qué es bienestar social para los venezolanos?
Comprender sentimientos	¿Cómo los miembros de las comunidades valoran al bienestar social?	4.- Lista siete (7) elementos que te hacen o te harían sentir bien en la comunidad donde vives
	Historicidad: ¿Cómo ha sido la evolución o historicidad de los significados atribuidos al bienestar según estrato social?	3.- ¿Cómo crees que ha cambiado a través de la Historia de Venezuela el concepto de vivir bien en comunidad? 5. Si comparas tu creencia de cómo vivir bien con la de tus padres y abuelos ¿En qué son iguales? ¿En qué son diferentes?
		Preguntas de selección múltiple
	¿Cuál es el discurso de bienestar social de cada estrato social?	Determinación de los informantes según estrato social a través de la Escala Graffar-Méndez Castellanos
		Determinación de los informantes por edad, sexo y preferencia política

Fuente: diseño propio.

Evaluación Intersubjetiva. Los objetivos de la evaluación intersubjetiva del cuestionario fueron: primero, acordar las relaciones de congruencia entre la líneas estratégicas y tácticas de la investigación con las preguntas abiertas del cuestionario; y, segundo, acordar sobre la claridad, sencillez y no inducción al sesgo en la redacción de las preguntas abiertas e instrucciones. El formato del registro de evaluación utilizado es una versión modificada reportada por Yadira Corral (2009). Las evaluaciones fueron realizadas por los Doctores Enza Capozzi, Harold Guevara y Ángel Deza, profesores de la Universidad de Carabobo.

Análisis de datos

Los datos recogidos, los que se encuentran en el aparte Anexos, fueron ordenados de tal manera que cada informante fue clasificado en un estrato social según la Escala de Estratificación Graffar- Méndez Castellano.

Tomando en cuenta a Schüzt (1964), quien acertó a la materia de estudio de las ciencias sociales como "construcciones de segundo orden" de los significados sociales, fundados en las construcciones de "primer orden" elaboradas por los agentes sociales. Se utilizó como métodos de análisis a la Teoría Fundamentada y al Análisis sociológico del discurso.

La Teoría Fundamentada, como método de análisis inductivo, involucra…"un proceso de conceptualización basado en la emergencia de patrones sociales a partir de los datos de la investigación" (Trinidad, Carrero, & Soriano, 2006, pág. 10). En otras palabras, la construcción de teoría concebida no sólo como relacionamiento de categorías conceptuales, sino también como "construcciones de segundo orden", fundadas sobre la base de las construcciones de significados de "primer orden" elaboradas por los informantes. La Teoría Fundamentada sirvió, entonces, al análisis textual y reducción de los datos en códigos y categorias relacionadas.

En la práctica, esto implicó un análisis inicial de las "construcciones de primer orden" o las enunciaciones de los informantes, que derivó en una codificación de los datos textuales. Posteriormente, se efectuó un análisis que derivó en un sistema de categorías conceptuales al establecerse relaciones entre códigos. Relaciones tales como vinculación, causa, caracterización, composición, por ejemplo: éste código se vincula con este otro código, este código es parte de este otro código, este código es causa de este otro código, este código es una característica de este otro u otros códigos, etc.

Una vez determinado el contenido de los patrones emergentes de representaciones sociales se procedió a su Análisis Estructural, el cual incluyó observar al núcleo central y sistema periférico. Donde, el núcleo central no sólo organiza y da sentido global a la representación, sino que también la define y distingue de otras representaciones. Esto es, al comparar dos representaciones, cuando al menos un elemento del núcleo central es distinto, se puede aseverar que estas son distintas. Los elementos del núcleo central tienen fuertes cimientos consensuados dentro de un grupo, por lo cual, aquellas categorías con más relaciones entre ellas y más frecuentes en su aparición fueron interpretadas como núcleo de las representaciones. El sistema periférico se caracteriza tanto por ser flexible como por no ser necesariamente compartido por un grupo (Abric, 1999).

Así se procedió, auxiliada con el software Atlas-ti, herramienta informática que facilita el análisis de volúmenes considerables de datos textuales, primero, sustituyendo al papel, los lápices de colores, tijeras, fichas y fotocopias. Segundo, agilizando al intérprete humano, las actividades como citas, elaboración de códigos según citas, la escritura de comentarios y anotaciones, visualización de categorías con más relaciones entre ellas y mayor frecuencia de aparición (Muñoz Justicia, 2003).

En este momento, es importante realizar este inciso, traer a la consciencia lo que implica el registro de patrones sociales de representación del bienestar y su estructura, el cual no es a secas un registro, sino un acto interpretativo culturalmente creador; por lo tanto, podría derivar en una caracterización axiológica de las posibles relaciones entre núcleo y periferia de las representaciones: arriba / abajo, valioso / carente de valor, lo existente / y lo que es casi existente, entre lo descriptible / y lo que no ha de ser descrito, entre lo necesario / y lo superfluo (Lotman, 1998).

En cuanto al Análisis Sociológico del Discurso, como método involucra realizar además del análisis textual, el análisis contextual e interpretativo (Ruiz R., 2009). Se comprende que estas instancias de análisis se hallan en la práctica estrechamente relacionadas e imbrican un proceso continuo de retroalimentación recíproca. Así mismo, en palabras de Jorge Ruiz: "Desde el punto de vista sociológico, se puede definir un discurso como cualquier práctica por la que los sujetos dotan de sentido a la realidad", sin embargo,"… los discursos que tienen mayor interés para los sociólogos son aquellos que tienen una forma verbal, ya sea esta oral o escrita" (2009, pág. 2).

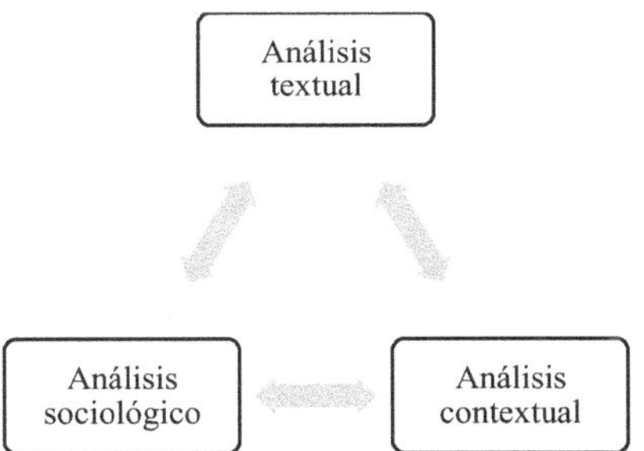

Figura 15. Análisis Sociológico del Discurso. Fuente (Ruiz R., 2009).

En fin, la Teoria Fundamentada sirvió al análisis de contenido textual y reducción de los datos en códigos y categorías relacionadas. El Análisis Estructural de las representaciones resultó en una caracterización y diferenciación de patrones emergentes de representaciones sociales según estrato social. El Análisis Sociológico del Discurso sirvió al análisis contextual, lo cual derivó en una caracterización particular y distintiva de estas representaciones, esto es, en una caracterización socio histórica. Por último, se dio cuenta de las implicaciones teóricas de estas representaciones en el ámbito social.

Escenario IV - Bienestar social: su representación y estrato

Este aparte se constituye de la comprensión de los conocimientos, sentimientos y significados que tiene del bienestar social la sociedad venezolana estratificada, resultado de esta indagación. Antes de discurrir sobre esta compresión, es pertinente recordar al Enfoque Integral Holónico de la realidad de Ken Wilber (2001), en el cual, cualquier interrogante sobre un evento o sujeto puede ser abordada desde una perspectiva que atiende además de los aspectos individuales y colectivos, a los subjetivos-interiores y objetivos-exteriores. Con base a este enfoque, el cual permite una visión ordenadora, relacional y abarcadora, se derivaron *Mapas cognoscentes del bienestar social venezolano según estrato social.*

Estrato social I y su representación del bienestar social

Los informantes del estrato I, representan al "vivir bien" como fundamentalmente asentado en valores comunes para la convivencia. Es decir, un espacio cultural que se asienta en formas de conducta o estado final de existencia preferidos a otras formas opuestas para la coexistencia. Lo que nos permite situarlo en la matriz cognoscente integral del bienestar social, en el cuarto cuadrante: interior colectivo, espacio de lo intersubjetivo y de lo reconocido como "nuestro". Es decir, simbolizan al vivir bien como coexistir en valores consensuados o comunes en el espacio de lo intersubjetivo de sus mundos de vida, lo cual abona a la comunicación.

En relación a la representación del bienestar social de los venezolanos, emergió un patrón de representación o simbolización de éste como constituido fundamentalmente por las condiciones materiales de vida, componentes de la calidad de vida, y, de manera periférica como constituida por los servicios públicos de salud y educación, así como de derechos sociales - capacidades. En la matriz cognoscente del bienestar social podemos situar el núcleo central de esta simbolización en el segundo cuadrante: exterior, individual, espacio de lo mío. Es decir, todo aquello, determinado objetivamente, que me pertenece individualmente, tal como el empleo, finanzas, nivel de educación, estado de salud, vivienda, en general condiciones de vida material.

En cuanto a cómo creen que ha cambiado a través de la historia de Venezuela el concepto de vivir bien en comunidad, representan este cambio como para mal, debido a la mayor exclusión y desigualdad social actual. Cambios que fueron signados por la época como significado periférico. Esta representación la podemos situar en la matriz cognoscente del bienestar social en el tercer cuadrante: exterior colectivo, el ámbito de lo social, lo nuestro, interobjetivo. Es decir, simbolizan a los cambios como experimentados por la sociedad venezolana, en nuestra economía, nuestra distribución de riquezas, en nuestra estratificación social y las relaciones que se establecen entre estos aspectos estructurales.

Con respecto a los elementos que le hacen o harían sentir bien en comunidad, estos se pueden reducir a los valores para la convivencia armónica entre vecinos. En relación a la periferia de la representación, está se compone no solo de las condiciones materiales de vida, sino también de las capacidades y servicios de buena calidad. Otra vez el núcleo central de la representación se ubica en el espacio de lo intersubjetivo de sus mundos de vida: coexistir en valores comunes que permitan la comunicación y concordia entre vecinos. Es decir, nos ubicamos en la matriz del cognoscente del bienestar social en el cuarto cuadrante, en el espacio de lo cultural, lo subjetivo, lo nuestro.

Por último, en relación a sus comparaciones de creencias de cómo vivir bien con la de sus padres y abuelos las simbolizaron como iguales en todo respecto, de manera periférica dieron cuenta de situaciones tempo-espaciales distintas, más no creencias. Esto informa sobre lo enraizada que esta su representación histórica e ideológicamente, por lo cual está estructuralmente constituida en la sociedad venezolana. Es por ello, que se ubica en el ámbito de lo social, lo interobjetivo, en el espacio de lo nuestro, es decir, en el tercer cuadrante de la matriz cognoscente del bienestar social según estrato social.

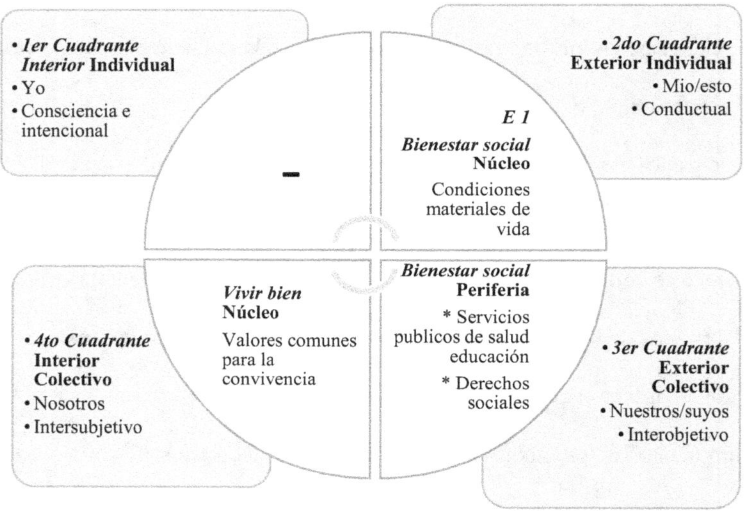

Figura 16. Estructura y mapa cognoscente del vivir bien y bienestar social para los venezolanos, Estrato I. Fuente: Diseño propio

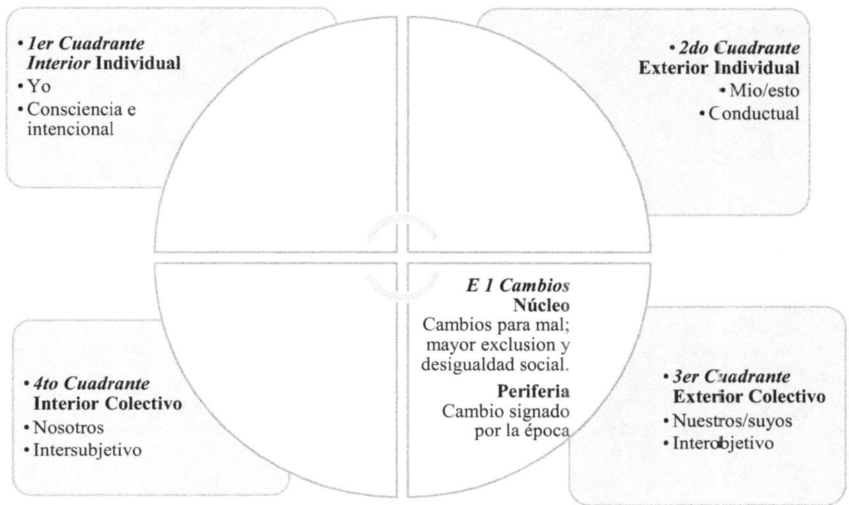

Figura 17. Estructura y mapa cognoscente de cómo ha cambiado a través de la historia de Venezuela el concepto de vivir bien en comunidad, Estrato I. Fuente: Diseño propio

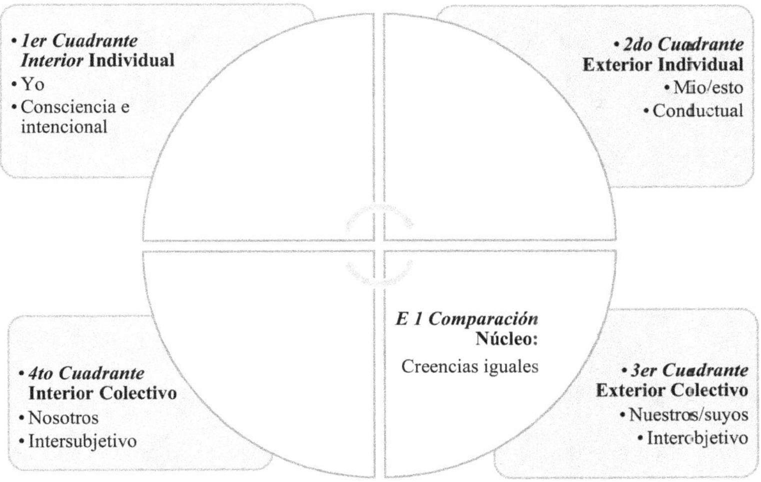

Figura 18. Estructura y mapa cognoscente de los elementos que los hacen sentir bien en comunidad, Estrato I. Fuente: Diseño propio.

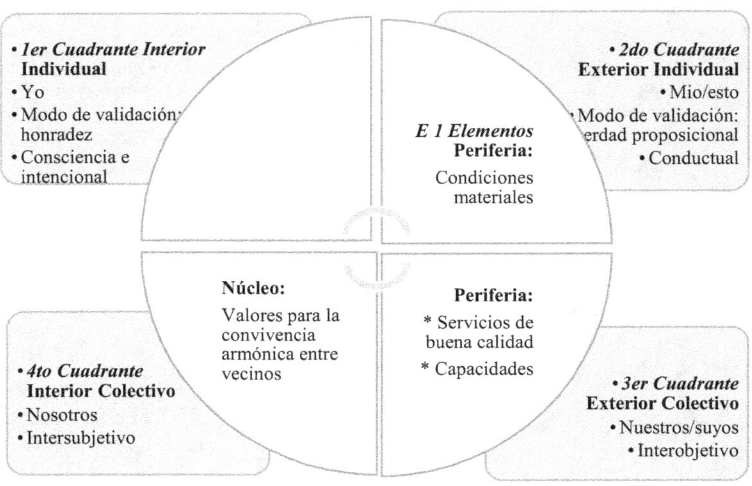

Figura 19. Estructura y mapa cognoscente de la representación de cómo vivir bien en comparación con sus padres y abuelos, Estrato social I. Fuente: Diseño propio.

Estrato social II y su representación del bienestar social

Para los informantes del estrato II, el núcleo central de la representación del "vivir bien" es compuesto. Es decir, el núcleo central reúne cuatro elementos: las buenas relaciones vecinales, el cumplimiento de normas para la convivencia, la seguridad ciudadana, y, los servicios básicos.

Dos de los saberes, de sentido común, centrales del vivir bien: las buenas relaciones vecinales y el cumplimiento de normas para la convivencia, se subsumen en las relaciones sociales, lo que nos dice sobre su relevancia. La primera representación apunta a las buenas relaciones vecinales. Es decir, al espacio personal de lazos y relaciones sociales cordiales. Lo que nos permite situarlo en la matriz integral cognoscente del bienestar social, en el segundo cuadrante: exterior individual, espacio de lo conductual y de lo reconocido como "mío", mis lazos y relaciones vecinales. Este espacio de lo conductual, se vincula con el cumplimiento de normas para la convivencia, lo que nos desplaza al espacio de lo social o interobjetivo, "nuestras" normas de convivencia, en la matriz integral cognoscente del bienestar social.

De la misma manera, la representación del vivir bien se constituye de dos elementos sociales, exteriores, colectivos cuando nos ubicamos en la matriz cognoscente del bienestar social: los servicios básicos y la seguridad ciudadana en relación a las acciones del Estado. Es decir, comprende al disfrute de servicios básicos tales como electricidad, agua, telefonía, internet, transporte, gas doméstico. Por último, la seguridad ciudadana la cual involucra, por un lado, a las acciones del Estado para preservar el derecho a la vida e integridad personal, la libertad de movimiento, la inviolabilidad del domicilio y protección de bienes. Y, por otro lado, involucra a la sensación de seguridad de los ciudadanos, lo cual se ubica en la matriz cognoscente del bienestar social en el ámbito del yo, de lo subjetivo, de los sentimientos personales de agrado o desagrado ante lo protegido que se valore estar ante peligros externos.

En cuanto a la representación del bienestar social de los venezolanos en los informantes del estrato II, por una parte, emergió un patrón de simbolización centrado en las condiciones materiales de vida, esto es, en el consumo de alimentos, vivienda, educación y salud, integrantes de la calidad de vida. Por otra parte, de manera periférica, la representación del bienestar refiere a la cohesión social, es decir, a la unión necesaria en objetivos para el bien común, la que se interpreta como carente. Además, en el mapa cognoscente del bienestar social podemos situar, primero, al núcleo de la representación del bienestar social del estrato II en el ámbito de lo exterior – individual, aquello considerado como propiedad o "mío". Y, segundo, a la periferia de la representación en lo social interobjetivo, a "nuestra" cohesión social.

En relación a la representación de cómo ha cambiado a través de la historia de Venezuela el concepto de vivir bien en comunidad surgió un patrón de cambios en el cual "las reglas sociales han dejado de ser respetadas por la comunidad", lo que intento comprender auxiliada con la categoría conceptual *Anomia* avanzada por Emile Durkheim, en otras palabras, la sociedad provee poca guía moral (Lopez Fernández, 2009). Más adelante, ahondaremos al respecto.

Para el estrato II, la convivencia armónica entre vecinos es el núcleo central de la representación de los elementos que los hacen o harían sentir bien en la comunidad dónde viven. De manera periférica se simboliza como vivir seguros en su comunidad. Sin embargo, el núcleo central y la periferia de la representación se vinculan en la práctica de manera significativa: la convivencia armónica entre vecinos promueve y deviene en una mayor sensación de seguridad o protección frente a riesgos y peligros externos. Aun cuando, las acciones del Estado son críticas para asegurar la convivencia pacífica y ordenada de los ciudadanos, evitando y sancionando la comisión de delitos contra las personas y sus bienes en los espacios tanto privados como públicos.

Nuevamente nos encontramos con la representación del sentirse bien en comunidad referida al espacio personal de lazos y relaciones sociales armoniosas en valores. Lo que nos permite situarlo en la matriz integral cognoscente del bienestar social, en el segundo cuadrante: exterior individual, espacio de lo conductual y de lo reconocido como "mío", mis lazos y relaciones vecinales.

La noción compuesta seguridad ciudadana, se ubica en la matriz cognoscente del bienestar social, primero, como sensación en el ámbito de lo personal, subjetivo: emociones positivas o negativas ante lo protegido que se valore estar ante peligros externos. Segundo, como acciones tanto personales o individuales como del Estado, en el segundo y tercer cuadrante respectivamente.

Por último, en relación a sus comparaciones de creencias de cómo vivir bien con la de sus padres y abuelos las representaron como iguales aun cuando las circunstancias actuales difieran. Esto informa, en semejanza con el estrato social I, sobre las fuertes raíces históricas e ideológicas de la representación del buen vivir. Por ende, la simbolización está estructuralmente constituida en la sociedad venezolana, por lo cual se ubica en el tercer cuadrante de la matriz holónica cognoscente del bienestar social: en el espacio de lo interobjetivo, lo nuestro, validado a manera de ajuste funcional del individuo al tejido social.

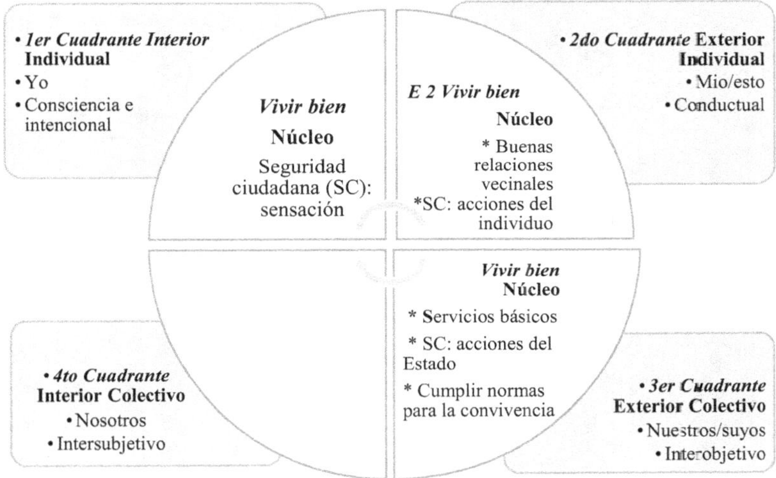

Figura 20. Estructura y mapa cognoscente de la representación del vivir bien, Estrato social II. Fuente: Diseño propio.

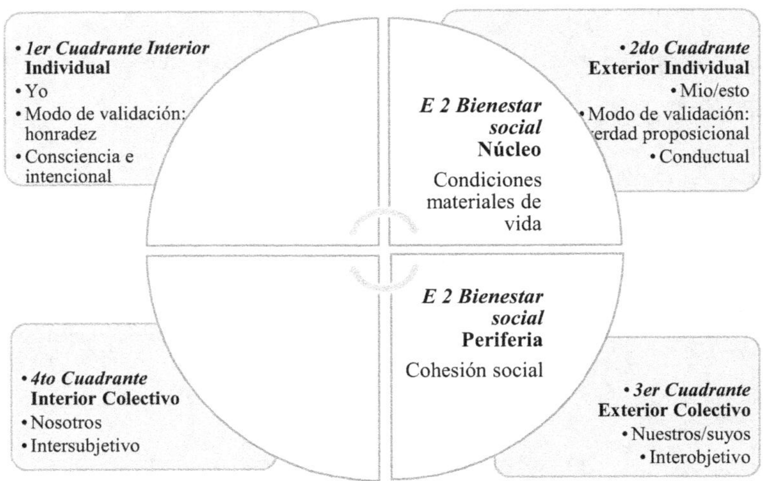

Figura 21. Estructura y mapa cognoscente de la representación del bienestar social para los venezolanos, Estrato social II. Fuente: Diseño propio.

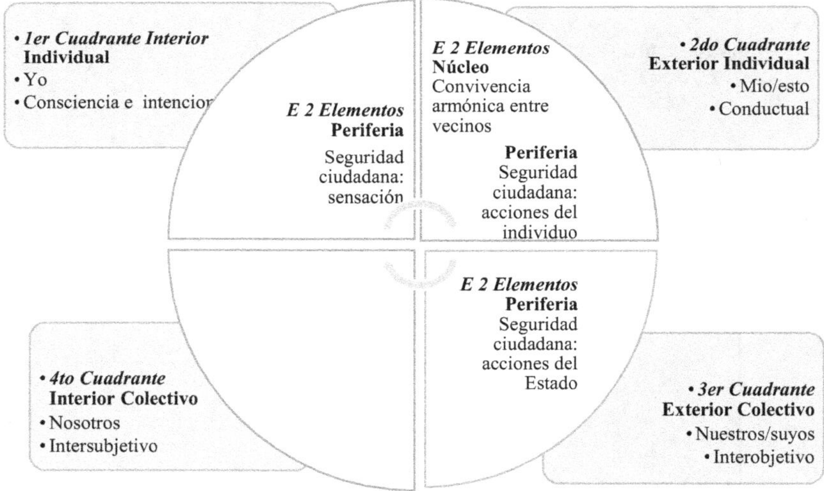

Figura 22. Estructura y mapa cognoscente de la representación de cómo ha cambiado a través de la historia de Venezuela el concepto de vivir bien en comunidad, Estrato social II. Fuente: Diseño propio

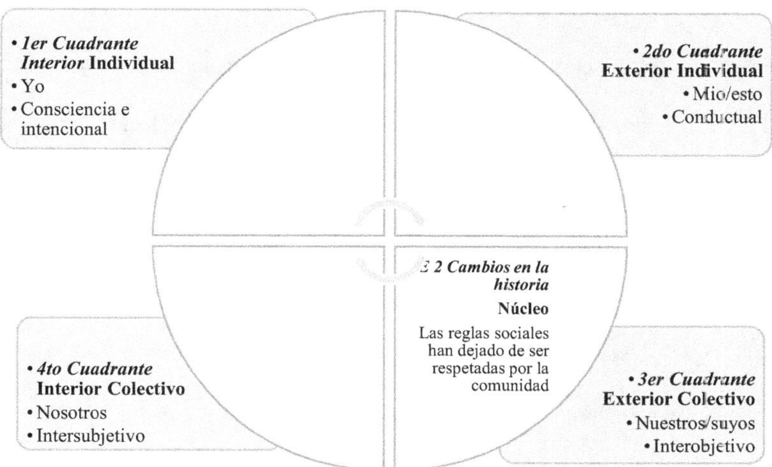

.Figura 23. Estructura y mapa cognoscente de la representación de los elementos que los hacen o harían sentir bien en la comunidad dónde viven, Estrato social II. Fuente: Diseño propio.

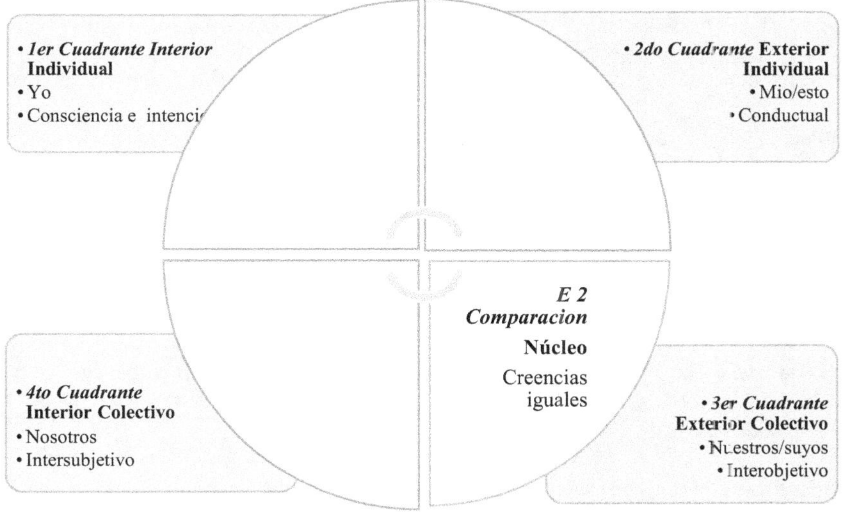

Figura 24. Estructura y mapa cognoscente de la representación de comparaciones de creencias de cómo vivir bien con la de sus padres y abuelos, Estrato social II. Fuente: Diseño propio.

Estrato social III y su representación del bienestar social

La seguridad ciudadana constituye el patrón de simbolización del vivir bien para los informantes del estrato social III, es decir, el núcleo central de esta representación. Como se ha mencionado, la seguridad ciudadana es una noción compuesta no solo por las acciones del Estado y los individuos sino también por la sensación de agrado o desagrado ante la valoración de los individuos de estar protegidos ante peligros externos. Además, el cumplimiento de las normas de convivencia es el componente periférico de esta representación.

Desde que la representación periférica del buen vivir es el cumplimiento de normas de convivencia, el núcleo y la periferia se vinculan recíprocamente en la práctica; sujeción que hallo delineada diáfanamente en las palabras del político mexicano Benito Juárez: "Entre los individuos, como entre la Naciones, el respeto al derecho ajeno es la paz" (Pola, 1905, pág. 289).

En la matriz holónica cognoscente del bienestar social, la representación nuclear del buen vivir abarca tres cuadrantes; los dos primeros individuales, uno referido a sentimientos y el otro a lo conductual; y, el tercero, se sitúa en el ámbito del tejido social, lo interobjetivo.

En cuanto al núcleo de la representación del bienestar social para los venezolanos emergió un patrón referido a la calidad de vida constituida por el ingreso, el consumo de alimentos y el disfrute de los servicios básicos. Este núcleo lo ubicamos en la matriz cognoscente del bienestar social en el cuadrante dos, mis ingresos y capacidades de consumo de alimentos y goce de servicios básicos.

En cuanto al conocimiento de sentido común referido a cómo ha cambiado a través de la historia de Venezuela el concepto de vivir bien en comunidad, emergió un patrón central concerniente a cambios para mal, lo cual incluye alusiones a explicaciones tales como: el Gobierno se inmiscuye en todo, el Gobierno gobierna para él, no hay comunidad por la crisis socioeconómica vivida. De manera periférica, existe una simbolización del concepto de vivir bien como mejorado debido a la mayor participación política y organización comunitaria.

En la matriz cognoscente del bienestar social, se puede ubicar al núcleo de esta representación reducida al ámbito de lo social, interobjetivo, al igual que su periferia.

En cuanto a los elementos que los hacen o harían sentir bien en la comunidad dónde viven, surgió un patrón nuclear compuesto por cuatro elementos. Por un lado, referido al entorno ambiental: higiene, ornato y áreas verdes en sus comunidades. Por otro lado, refiere a los siguientes tres elementos: seguridad ciudadana, armonía entre vecinos, y actividades recreativas, culturales y deportivas. Estos últimos tres elementos recíprocamente vinculados, desde que, tanto la armonía entre vecinos como las actividades recreativas y culturales coadyuvan en la seguridad ciudadana, y así pudiésemos seguir relatando la reciprocidad de la relación entre estos elementos en cualquiera de ellos donde iniciamos a considerar sus vinculaciones. Por esta razón, los subsumimos en la categoría convivencia pacífica.

La convivencia pacífica entre vecinos se puede ubicar en los tres primeros cuadrantes de la matriz cognoscente del bienestar social, desde que, respectivamente, incluye sentimientos de agrado, además de acciones tanto individuales como colectivas de paz. En cuanto, al entorno ambiental enculturado, es decir, modificado por los humanos para ser bonito, limpio y verde, se ubica en el cuadrante tercero, de lo externo que es nuestro, lo social.

En lo relativo a sus comparaciones de creencias de cómo vivir bien con la de sus padres y abuelos, por un lado, surgió un patrón de representación nuclear de ser iguales en valores de respeto, unión y alegría. Por otro lado, la periferia de la representación apunta a las diferencias debidas a los cambios tecnológicos y la igualdad de género.

El núcleo de esta representación se ubica en el cuarto cuadrante de la matriz cognoscente del bienestar social referido a lo subjetivo colectivo, nuestras valoraciones, es decir, el ámbito de lo cultural. En cuanto a la periferia de la representación, se ubica en el ámbito de lo social: nuestra tecnología, nuestros derechos en relación a las prácticas cotidianas.

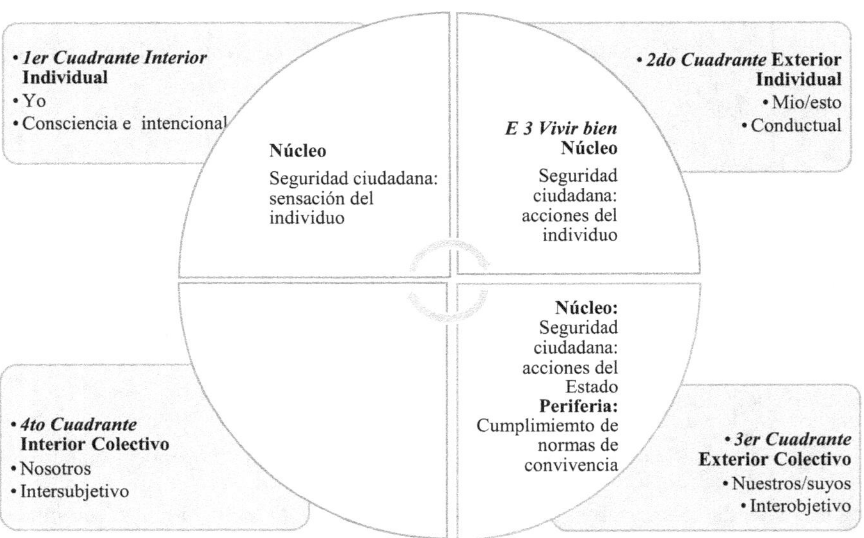

Figura 25. Estructura y mapa cognoscente de la representación del vivir bien, Estrato social III. Fuente: Diseño propio

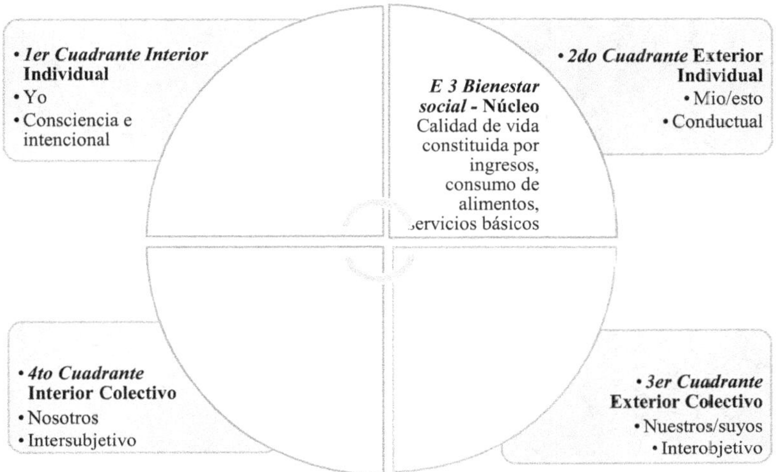

Figura 26. Estructura y mapa cognoscente de la representación del bienestar social para los venezolanos, Estrato social III. Fuente: Diseño propio.

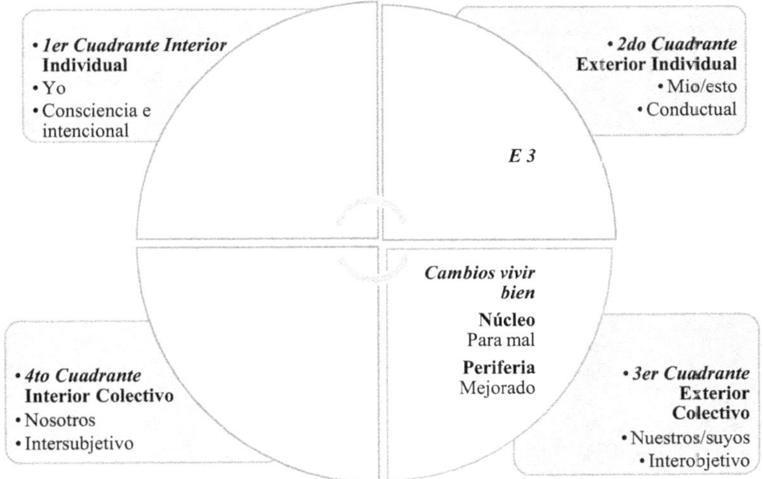

Figura 27. Estructura y mapa cognoscente de la representación de cómo ha cambiado a través de la historia de Venezuela el concepto de vivir bien en comunidad, Estrato social III. Fuente: Diseño propio.

100

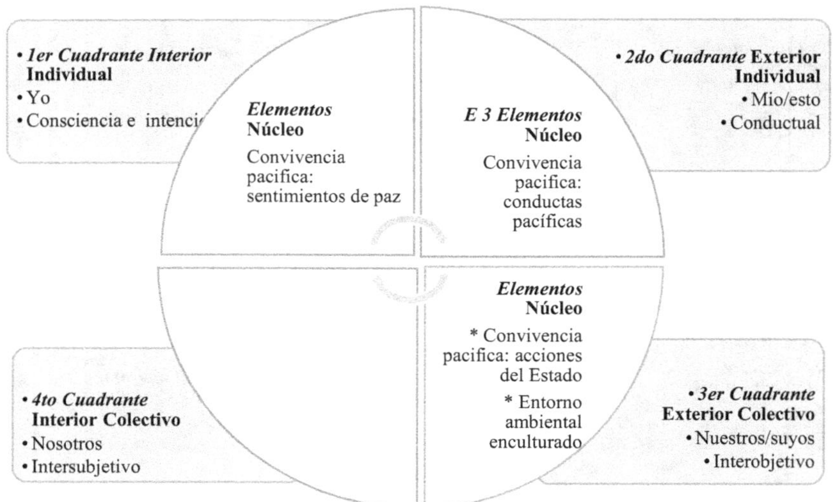

Figura 28. Estructura y mapa cognoscente de la representación de los elementos que los hacen o harían sentir bien en la comunidad dónde viven, Estrato social III. Fuente: Diseño propio.

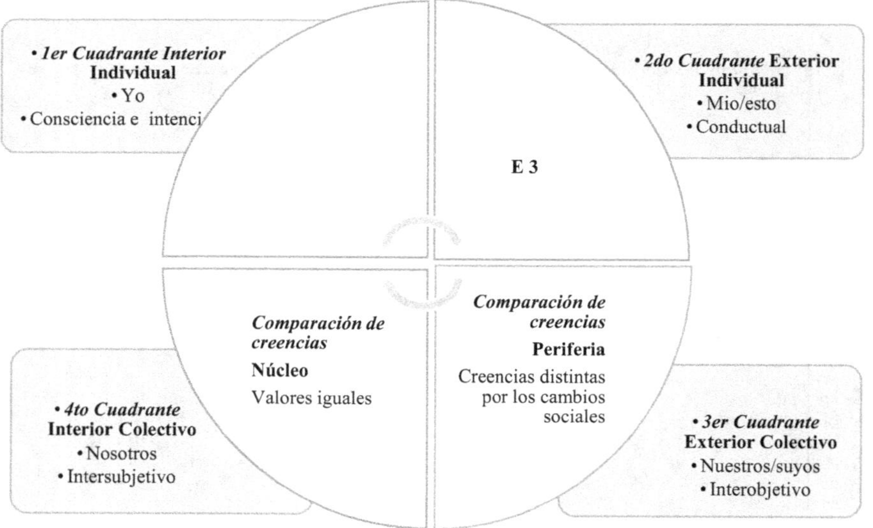

Figura 29. Estructura y mapa cognoscente de la representación de comparaciones de creencias de cómo vivir bien con la de sus padres y abuelos, Estrato social III. Fuente: Diseño propio.

Estrato social IV y su representación del bienestar social

Para el estrato social IV, el núcleo de la representación del buen vivir es la convivencia armónica entre vecinos, conjuntamente, pero de manera periférica del goce de servicios básicos y la seguridad alimentaria.

En la matriz cognoscente del bienestar social, este conocimiento de sentido común del buen vivir se ubica, primero, en el cuadrante dos, el de mis lazos, mis relaciones vecinales armónicas, y segundo, en cuanto a la periferia, en el cuadrante tercero, en el ámbito de lo social, nuestros servicios básicos, nuestra seguridad alimentaria.

Con respecto al núcleo de la simbolización del bienestar social este se constituye no solo de la paz ciudadana: la convivencia pacífica entre vecinos, clases sociales y disminución de la delincuencia; sino de la seguridad alimentaria, la cual incluye ideas para lograrla: cambio de gobierno, siembra de alimentos en casas y el control de precios por las autoridades. Del mismo modo, la periférica de la simbolización se constituyó de: no sabe.

La paz ciudadana es un concepto que involucra tanto los sentimientos y acciones o conductas personales, como acciones del Estado, por ende, se ubica respectivamente en la matriz cognoscente del bienestar social en los tres primeros cuadrantes, individual subjetivo y objetivo, exterior colectivo.

Con respecto a la organización estructural del conocimiento de sentido común referido a cómo ha cambiado a través de la historia de Venezuela el concepto de vivir bien, ´surge como núcleo la crisis socioeconómica vivida actualmente en la sociedad venezolana generando los cambios en el vivir bien. De igual modo, se señala de manera periférica, a la sociedad venezolana sumergida en una guerra de intereses entre clases, dónde además se han perdido valores como el respeto y la integración familiar. Ambos componentes de la representación, núcleo y periferia, están estrechamente vinculadas en la práctica, desde que, las crisis socioeconómicas repercuten en todos los ámbitos del desenvolvimiento humano.

En la matriz cognoscente del bienestar social estas afectaciones o cambios se pueden situar en el tercer cuadrante, cambios en nuestra sociedad que no solo generan cambios en la conducta o acciones de las personas sino también sufrimiento social. Se entiende como sufrimiento social a los problemas humanos que tienen sus orígenes y consecuencias en las lesiones que las fuerzas sociales y los fenómenos culturales pueden infligir a la experiencia humana. Fuerzas sociales como los poderes político, económico e institucional y fenómenos culturales como las costumbres, los rituales, la tradición, la ley, el lenguaje y la división del trabajo. De igual modo implica, cómo estas formas de poder se modifican a sí mismas para responder a los problemas sociales. (Kleinman, Das, & Lock, 2003) (Wilkinson, 2005). Sobre esto ahondaremos más adelante.

En relación a los elementos que los hacen o harían sentir bien en la comunidad dónde viven, la representación es compuesta por los buenos vecinos conjuntamente con la seguridad ciudadana. La periferia de esta representación es la seguridad alimentaria, aludiendo a ayudas del gobierno y a la siembra de alimentos.

El núcleo compuesto de la representación se sitúa en la matriz cognoscente del bienestar social, por un lado, en el segundo cuadrante; en el ámbito de mis lazos vecinales y mi seguridad referida a mis acciones. Por el otro lado, se sitúa, como ya se ha mencionado en cuanto a la seguridad ciudadana, además, en el primer y tercer cuadrante, mis sentimientos de seguridad y las acciones del Estado en procura de la seguridad ciudadana, respectivamente. La periferia de la representación se ubica en el ámbito de lo social, lo interobjetivo, nuestra seguridad alimentaria.

Por último, en cuanto a las comparaciones de sus creencias de cómo vivir bien con la de tus padres y abuelos, emergió un patrón de simbolización referido a la situación actual más no creencias: antes se vivía mejor, el cual se ubica en la matriz cognoscente del bienestar social en el tercer cuadrante, lo exterior, colectivo, en el ámbito de lo social.

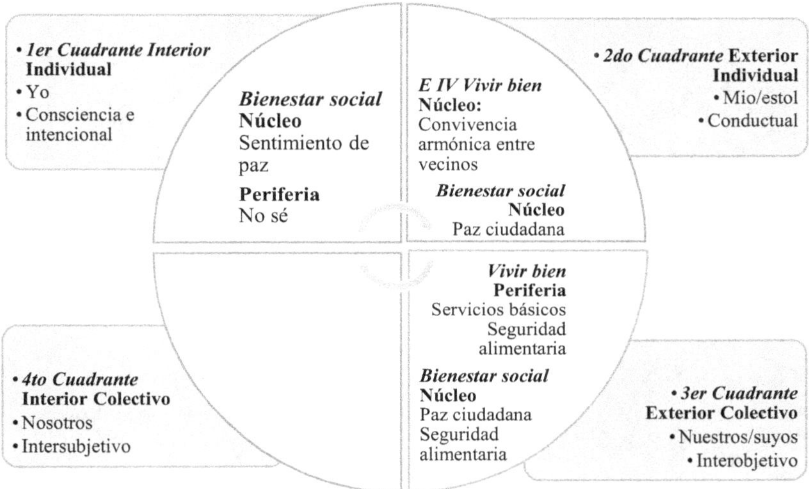

Figura 30. Estructura y mapa cognoscente del vivir bien y bienestar social para los venezolanos, Estrato IV. Fuente: Diseño propio

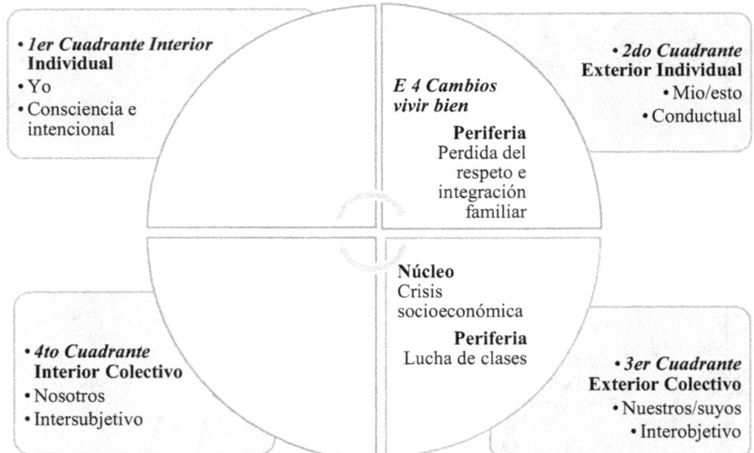

Figura 31. Estructura y mapa cognoscente de la representación de cómo ha cambiado a través de la historia de Venezuela el concepto de vivir bien en comunidad, Estrato social IV. Fuente: Diseño propio.

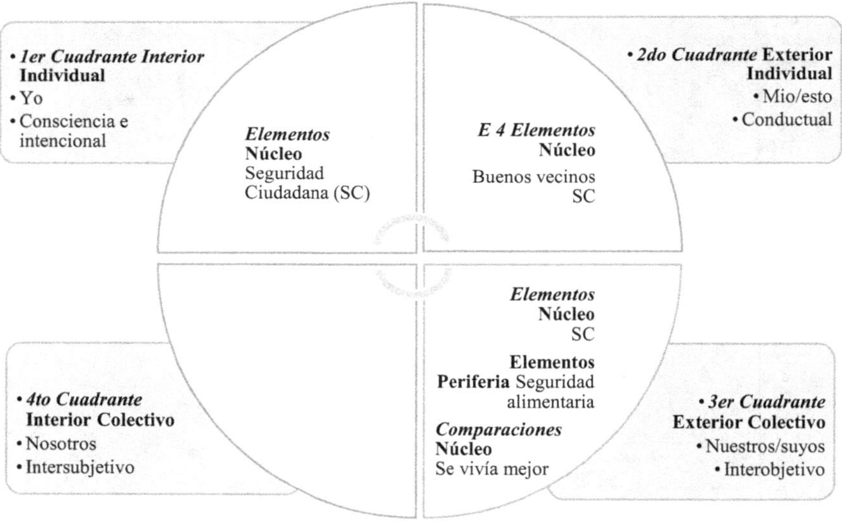

Figura 32. Estructuras y mapa cognoscente de la representación de los elementos que los hacen o harían sentir bien en la comunidad dónde viven y de las comparaciones de creencias de cómo vivir bien con la de sus padres y abuelos. Estrato social IV. Fuente: Diseño propio.

Implicaciones teóricas. Análisis comparativo, contextual y sociológico

En general, el patrón de representación del bienestar social y el vivir bien emergido, según estrato social, se podría caracterizar de la siguiente manera: el estrato social I, lo enuncia cómo asentado en lo cultural y económico; el estrato II, como asentado en lo individual y económico; el estrato III, como asentado tanto en lo macro social, enfocado en la seguridad ciudadana, como en lo económico, enfocado en el disfrute de los servicios básicos y consumo de alimentos; por último, el estrato social IV, como asentado en lo social, tanto micro como macro – la paz - y como elemento económico único, la seguridad alimentaria.

Aun cuando todas las representaciones del vivir bien refieren a la convivencia armónica, las situaciones se ubican en contextos que van de lo abstracto a lo concreto según estrato social. Valores compartidos para la convivencia, en el estrato social I; convivencia armónica entre vecinos, en el estrato II; convivencia pacífica ubicada en lo social como determinando lo vecinal, en el estrato III; finalmente, tener buenos vecinos es esencial para el vivir bien, en el estrato IV. Esto podría comprenderse aludiendo a los diferentes niveles de educación de cada estrato social, o, siguiendo a Bourdieu, comprenderse aludiendo a las acumulaciones diferenciales de capital cultural según estrato.

Al considerar junto a Moscovici, a una representación social como un constructo socio psicológico que actúa un papel simbólico, representando algo - en este caso al buen vivir o bienestar social - y mientras esto sucede, la representación actualmente sustituye al objeto que representa, por lo tanto se erige en el objeto mismo para la persona o grupo en referencia. Podríamos señalar las relaciones de los grupos sociales con el objeto representado, como es el caso de cada estrato social respecto al vivir bien o bienestar social, es decir, podríamos señalar las relaciones objétales de cada estrato social con el bienestar.

Para el estrato social I, la relación con el bienestar como objeto no sólo involucra sentido de grupo clasificado que los incluye en valores "nuestros valores", sino también, como de posesión individual de bienes. Este estrato social, emerge consciente de su acumulación de capital simbólico, económico y cultural en términos de Bourdieu. Donde la acumulación de capitales simbólico y cultural representan un "nosotros/nuestros" y el capital económico un "mío".

En cuanto, al estrato social II, la relación objetal se vislumbra en un sentido individual de posesión de bienes materiales que los identifica en sus acciones y el ámbito de lo social. El estrato social III, se relaciona con el bienestar en un sentido social de propiedad macro, es decir, la sociedad como un todo posee al bienestar o vivir bien (macro). En contraste con el estrato social IV, cuya relación con el bienestar también tiene un sentido de propiedad social, pero este grupo no solo lo constituye como propiedad social (macro) sino como propiedad de la comunidad en particular donde vive (micro). .

En relación a los ámbitos de construcción de las representaciones, lo que nos ubica en si esta realidad – bienestar social - es representada como externa/objetiva o interna/subjetiva con respecto a los individuos. Para el estrato social I, esta representación es compuesta, se construye como constituida en lo intersubjetivo y lo objetivo/externo, es decir, en lo cultural y lo económico. Para el estrato social II, el bienestar social o buen vivir se construye en lo objetivo/externo e interobjetivo, es decir, en lo económico individual y lo social. Los estratos sociales III y IV, comparten su construcción del bienestar en el ámbito de lo interobjetivo, colectivo, es decir lo social.

En cuanto a la función identitaria de las representaciones sociales, es decir, mantener la identidad del grupo, generando la autodefinición de un grupo, tanto el estrato social I y el IV se manifestó identidad de grupo social por lo tanto de clase social. La diferencia entre ambas, es en cuanto a cómo se genera esta identidad. La identidad de clase del estrato I, aparece sujetada desde

adentro, mientras que la del estrato social IV aparece sujetada desde afuera a través de liderazgos.

El estrato II, manifestó identidad con los bienes y el consumo. El estrato social III, manifestó

identidad de grupo nacional. Por lo que se deriva, que estos estratos medios no tienen identidad de

clase social. Es importante, considerar lo escrito por Bourdieu (1984, págs. 478-479) en relación

a los grupos sociales y su clasificación en clases sociales:

La presencia o ausencia en la clasificación oficial depende de la capacidad de reconocerse a

sí misma, para ser notada y admitida, y así ganar un lugar en el orden social…la negociación

entre grupos con intereses antagónicos, los que surgen del establecimiento de acuerdos

colectivos… se asientan… sobre ambas, las ventajas materiales y simbólicas

institucionalizadas, versión teatral de la incesante lucha sobre las clasificaciones que ayudan

a producir clases, a pesar de que las clasificaciones son el producto de las luchas entre clases

y depende de las relaciones de poder entre estas... Los sujetos sociales conciben al mundo

social que los concibe a ellos. Esto significa que ellos no pueden ser caracterizados

simplemente en términos de propiedades materiales. (Traducción propia del inglés al

español).

En más detalle, acuñamos la categoría conceptual habitus de Bourdieu para comprender al

estrato social I, en su conocimiento de sentido común acerca del bienestar y vivir bien. En efecto,

el habitus traduce diferentes posiciones de clase en conductas observables, posiciones

especificadas por las diferentes formas de capital - simbólico, cultural, social y económico. En

otras palabras, un conjunto de estructuras, estructuradas y estructurantes, de disposiciones

duraderas, que funcionan como esquemas de clasificación para orientar valoraciones, percepciones

y conductas de los sujetos (Gutiérrez, 2005). Desde que, como ya se caracterizó, enuncian tanto al bienestar social y vivir bien como a sus comparaciones de creencias con padres y abuelos, no solo iguales en todo respecto; sino referidas tanto a conductas y formas últimas de vida preferidas sobre otras: valores; como a condiciones materiales de vida: ingresos, consumo y riquezas.

Además, desde que, el habitus traduce diferentes posiciones de clase en valoraciones y conductas observables, se evidencia la conciencia o conocimiento de grupo. Por ende, de clasificación social, lo que se traduce en conciencia de clase social; la que se manifiesta desde adentro, en contraposición con estratos sociales bajos, en las cuales la conciencia de clase se sujeta desde afuera; por liderazgos políticos (Bourdieu, 1987).

El estrato social II, enuncia un patrón de representación del vivir bien de manera concreta, objetiva, e individual. Como algo que se manifiesta en su existencia de día a día, en términos de buenas relaciones vecinales, disfrute de servicios básicos y seguridad ciudadana. De la misma manera, se enuncia al bienestar social en términos de sus ingresos, consumo y riquezas. De modo comprensivo, entonces, se puede caracterizar esta representación como individualista, personal y hedonista.

Es decir, el usufructo de relaciones vecinales armónicas, servicios, seguridad ciudadana, ingresos, y consumo; que los distingue de los otros grupos sociales: sin vecinos armónicos, sin servicios básicos, ingresos menores, e inseguridad ciudadana. Mis disfrutes; una evaluación de la existencia como buena al igual que la de sus padres y abuelos, lo que refiere a sus fuertes raíces ideológicas e históricas. Esto, en consonancia con la formación de los estratos sociales medios globalizados, cuya valoración de grupo se sustenta en la propiedad y el consumo.

El objetivismo filosófico, desarrollado por Ayn Rand (Peikoff, 1991), nos permite comprender esta simbolización del estrato II, la que entraña los siguientes principios básicos: la felicidad propia como propósito moral de vida, la sobrevivencia como estándar de ética, y, al capitalismo como sistema que reconoce los derechos humanos.

Aun cuando los estratos sociales I, II y III comparten la representación del bienestar social referida a las condiciones materiales de vida, el estrato III lo refiere a situaciones puntuales de ingreso, consumo de alimentos y servicios básicos. En cuanto al estrato IV, lo refiere a la paz social y la seguridad alimentaria. Se hace oportuno recordar la situación de la sociedad venezolana en la actualidad, referida en el aparte *El Estado venezolano y el bienestar*, para comprender la especificidad con que representan al bienestar social los estratos III y IV. En efecto, la situación política, social y económica de la sociedad venezolana transversaliza todos los ámbitos de nuestra experiencia de vida: el yo, nuestras acciones, lo social y lo cultural.

Más sobre la representación del bienestar del estrato social IV, referido a la paz social y la seguridad alimentaria, las que vinculan no solo a la gestión gubernamental sino a las acciones de la oposición aliada a la clase social burguesa – dueños de bodegas, comerciantes, productores de bienes - lo cual alude a una caracterización de grupos sociales quienes deben armonizar, dejar de confrontarse, por ende, se traduce en conocimiento de clasificación social, es decir, conciencia o conocimiento de clase social, como ya se mencionó al referirnos a la función identitaria de las representaciones sociales. Conocimiento que aparece sujetado a lo que denominan *el proceso*, es decir, a liderazgos como el de Hugo Chávez y en la actualidad, al de Nicolás Maduro.

La sociedad venezolana en crisis. Todos los estratos sociales simbolizaron los cambios en el vivir bien para mal, la cercanía de la afectación aumenta según estrato social. En general, las crisis sociales se vinculan a la exacerbación de las desigualdades sociales, desigualdades en la distribución de los bienes, servicios y prestigio.

En el intento de discernimiento de la crisis social venezolana, atenderemos, primero, al ámbito internacional, en el cual es cada vez más claro la agrupación de países que se alinean o contraponen a Venezuela como nación, en una competencia no solo por recursos sino por formas preferidas de vida, el capitalismo versus socialismo.

Estos bloques internacionales, de manera ingenua, los pudiésemos ubicar en aquellos que han reconocido la reelección de Nicolás Maduro, el 20 de mayo del 2018, y aquellos que no. Hasta el 24 de mayo del 2018, según los medios, los países que habían reconocido abiertamente los resultados son: Bolivia, Nicaragua, El Salvador, Cuba, Haití, República Dominicana, Surinam, Argelia, China, Rusia, Irán, Turquía, Siria, Bielorrusia y Laos. Los países que no reconocieron las elecciones son: En las Américas; Estados Unidos, Canadá, México, Honduras, Panamá, Colombia, Brasil, Perú, Chile, Paraguay, Uruguay y Argentina; en Europa: Gran Bretaña y la Comunidad Europea, además Australia. En realidad, el interés de listar estas naciones radica en dimensionar la confrontación, por los momentos, no solo diplomática sino concretada en sanciones económicas. El escenario internacional luce tenso.

Segundo, atenderemos al ámbito nacional, descrito en el aparte *El estado venezolano y el bienestar*, sin embargo, pretendo abonar a la comprensión de la crisis con el auxilio de las siguientes categorías conceptuales: *Anomia* avanzado por Emile Durkheim y *Estructura social y clases sociales* desde las perspectivas marxista y bourdesiana.

Interesantemente, el estrato social II, enunció los cambios "sufridos" a través de la historia de Venezuela en el concepto de vivir bien como: "Las reglas sociales han dejado de ser respetadas por la comunidad". La sociedad venezolana no provee guía moral. Por lo tanto, existe un espacio vacío de normas correspondientes, el cuál ha sido completado con normas generadas en el día a día, según lo que vaya surgiendo. Una instancia de esta manifestación es el "bachaqueo" o mercado de intercambio de bienes y servicios paralelos al formal, en todos los ámbitos: financiero, alimentos, vivienda, vehículos, línea blanca, servicios del Estado al ciudadano como registro e identificación, administración de justicia, entre otros. En la matriz cognoscente del bienestar social nos encontramos en el espacio de lo social, interobjetivo, cuyo modo de validación es el ajuste funcional del individuo al tejido social.

Este vacío de normas correspondientes, según el conocimiento de sentido enunciado, lo vinculo a los cambios en la estructura social venezolana, desde 1998, los que involucran un cambio de usufructuarios del capitalismo de Estado, ahora monopólico, denominado políticamente socialista del siglo XXI. Es pertinente recordar una premisa de los movimientos políticos con ideología marxista: la conciencia social es producto de las relaciones sociales de producción.

Desde que el Estado venezolano es dueño de medios de producción y distribución, así como de capital financiero, al día de hoy en la sociedad venezolana, la clase burguesa se constituye, primordialmente, de políticos en poder y comandos de las Fuerzas Armadas, producto político de la "unión cívico-militar", que se ha denominado "burguesía revolucionaria o "boliburguesía". Esto es, el Estado se concreta como dueño en gerentes de empresas del Estado, ministros, vicepresidentes, presidente, gobernadores. Donde la lucha económica es la misma que la política, por ende, los actores políticos son los mismos que los económicos.

Continuamos siguiendo la metáfora marxista explicativa de la sociedad compuesta por la superestructura – región ideológica, jurídica política - y la infraestructura - región económica – donde las clases sociales están derivadas en la región económica (Harnecker, 1971), visualizada en la tabla 7.

Tabla 7
Clases sociales en la sociedad capitalista monopolista de Estado venezolana desde la metáfora marxista

Infraestructura social CLASES SOCIALES Grupos sociales directamente ligados al proceso de producción y distribución de bienes, así como al capital financiero			Superestructura social GRUPOS SOCIALES
Burguesía	**Proletariado**	**Pequeña Burguesía**	**Empleados**
• Concreción del Estado como dueño de los medios de producción, distribución de bienes y capital financiero en la clase política en poder y comandos de las Fuerzas Armadas en funciones de control y dirección del sistema capitalista • Dueños de los medios de producción y capital financiero del sector privado	• Obreros • Administradores y supervisores subalternos de las empresas públicas y privadas	• "Bachaqueros" o "Pequeños comerciantes informales" • Pequeños comerciantes • Pequeños productores de bienes	• Subalternos del Estado • Subalternos en las Fuerzas Armadas • Profesores • Estudiantes • Empleados de servicios individuales y sociales

Fuente: Diseño propio.

En términos generales, los cambios conceptuales propuestos por la clase política-económica, en poder desde 1998 en Venezuela, comprenden cambiar la definición de la sociedad venezolana económica y políticamente de una sociedad "democrática, capitalista, representativa, que gasta socialmente" a una "participativa, socialista, que invierte socialmente, con una elite representativa con poderes supra constitucionales encarnados en asambleas constituyentes". Esta propuesta de cambio conceptual, ha devenido en la práctica en una sociedad capitalista de Estado monopólico, con la coexistencia de un cada día menor sector capitalista privado, no vinculado al Estado, en defensa activa por temor a su total desaparición en la sociedad venezolana. Además, de unos estratos medios cada vez más empobrecidos y sin identidad sujetada desde adentro, ni desde afuera, es decir, sin liderazgo.

En relación al patrón general de representación del vivir bien como desvanecido, con el auxilio de los conceptos bourdesianos de capital, habitus, campo y poder simbólico, se pretende abonar a la compresión de la crisis social venezolana.

Este conjunto de conceptos relacionales utilizados para el miramiento de la sociedad venezolana, en la actualidad, devela, por un lado, la lucha por la depreciación del capital económico instituido, aunada a la exacerbación del capital político. Por otro lado, además, la exacerbación del poder simbólico tanto de la pobreza material como cultural a manera de condición de supremacía moral. Es común escuchar relatos de políticos, con filiación con la denominada revolución, mencionar como parte de su hoja de vida, la condición prestigiosa de pobreza en algún momento de su devenir vital, preferiblemente en la infancia.

Así mismo, se observa, reiteradamente en los últimos 18 años, la práctica de considerar idóneos para cargos de dirección del Estado y sus empresas, agentes sociales sin capital cultural, es decir, sin conocimientos acreditados relativos al cargo. Así vemos, como cualquier agente social con posicionamiento en el campo político puede ejercer o haber ejercido varios cargos disimiles en sus requerimientos de saberes a través del tiempo inclusive simultáneamente.

El posicionamiento de los agentes sociales en el campo político de la V República, se puede vincular al menos con tres aspectos: primero, con la acumulación y distribución de capital político; segundo, con la acumulación y distribución de capital social o redes de relaciones con los escasos y exclusivos hiperliderazgos; tercero, en el manejo del poder simbólico que involucra la supremacía moral de la condición de pobreza en el devenir vital. Esta triple vinculación entre capitales define al campo social político en funciones de gobierno. Los hijos simbólicos del hiperliderazgo o sus herederos ostentan la propiedad y acumulación tanto de los recursos políticos como sociales y simbólicos.

Esta triada que hace posible el posicionamiento en el campo social político revolucionario, privilegia a los agentes sociales posicionados no solo con la administración sino también la distribución de bienes económicos y servicios tan variados como: alimentos, viviendas, vehículos, líneas blancas, electrodomésticos, financiamiento, servicios básicos (electricidad, agua, gas, telefonía), salud, Internet, computadoras, teléfonos, servicios recreativos, credenciales educativas, además, de las tierras, petróleo y minas. En fin, cada día se observa que la gran mayoría de los recursos necesarios, para vivir bien y con dignidad en una sociedad, son acumulados y centralizados en el estamento en funciones de gobierno para su administración y distribución; es decir, en agentes sociales con posiciones en el campo social político.

No tenemos que usar mucho nuestra imaginación sociológica para visualizar las posibles consecuencias de la situación actual de centralización de la acumulación y distribución de los recursos mencionados en el campo político en la sociedad venezolana. Por un lado, el sesgo factible en la distribución de bienes y servicios; por otro lado, los posibles dolos en esta administración; así como también, la lucha entre los interesados en esta acumulación y distribución. Igualmente, imaginemos las consecuencias de subestimar al capital cultural para privilegiar al capital político en los agentes sociales que conducen las políticas, empresas y entes del Estado venezolano.

Con estas identificaciones, sin desestimar el contexto mundial, se puede dar cuenta de manera significativa, no solo del desempeño socio-económico, sino también de la escogencia de formas de vida preferida y de la seguridad jurídica en la sociedad venezolana actual. Sociedad representada como adversa por todos los estratos sociales.

A manera de cierre. Inicié esta investigación guiada por mi interés en comprender el conocimiento, los sentimientos y significados que tiene del bienestar social la sociedad venezolana estratificada. Las preguntas que sirvieron de guía para abordar esta comprensión fueron ¿cómo los miembros de las comunidades conciben, comprenden y valoran al bienestar social?, ¿cuál es el discurso de bienestar social de cada estrato social?, ¿cómo ha sido la evolución o historicidad de los significados atribuidos al bienestar según estrato social?

Las respuestas integradas a estas preguntas se podrían puntualizar aseverando que las representaciones del bienestar según estrato social son distintivas. Estas diferencias se pueden señalar no sólo en relación a sus contenidos, relaciones objétales, ámbitos de conceptualización, contenido de sus funciones identitarias, proximidad ante la crisis socioeconómica que atraviesa la sociedad venezolana, sino también en su función de orientación de las acciones sociales y custodia de las prácticas del grupo y por consiguiente del discurso. A excepción de la continuidad intergeneracional o historicidad atribuida a las representaciones sociales del bienestar, la cual para todos, menos el estrato social IV, se representó como estructuralmente constituida, fuertemente enraizada ideológicamente. Desde que, para el estrato IV, su representación del bienestar ha variado en relación a la de sus padres y abuelos. La comprensión señalada es la pieza que se ha completado en el entendimiento integral del bienestar en la sociedad venezolana.

En la Tabla 8, se encuentra un compendio de los patrones de representación del bienestar y vivir bien según estrato social, indicado en las siguientes categorías: relaciones objétales, ámbito de conceptualización, función identitaria, proximidad de la crisis e historicidad.

Tabla 8

Patrón de representación del bienestar social y vivir bien según estrato social: relaciones objétales, ámbito de conceptualización, función identitaria, proximidad de la crisis e historicidad

	Estrato Social I	**Estrato Social II**	**Estrato Social III**	**Estrato Social IV**
Relación objetal	Nuestro - cultural Mío - individual	Mío - individual Conductual-social	Nuestro - social Social: macro	Nuestro - social Social: micro/macro
Ámbito de conceptualización	Intersubjetivo Objetivo-Externo	Individualista Objetivo-externo Interobjetivo	Colectivo Interobjetivo	Colectivo Interobjetivo
Identidad	De clase, desde adentro	Con lo poseído	De grupo nacional	De clase, desde afuera: liderazgos
Proximidad de la crisis socioeconómica	Social	La sociedad no brinda guía moral	Afecta nuestra calidad de vida	Afecta la paz comunitaria y social, y la seguridad alimentaria
Historicidad	Estructural	Estructural	Estructural	Nueva, sujetada a través del liderazgo político

Fuente: Elaboración propia.

Desde que ya atendimos en detalle a los contenidos, las relaciones objétales, ámbitos de conceptualización, contenido de las funciones identitarias, historicidad y proximidad de la crisis venezolana atribuida según estrato social. Nos detendremos en la función orientadora de las acciones y prácticas de las representaciones sociales, las cuales son críticas en este momento histórico.

Como ya se dijo, los estratos sociales I y IV, enunciaron conciencia de clase social. En el estrato social I, esta conciencia aparece sujetada desde adentro, en contraste con el estrato social IV, cuya conciencia de clase aparece sujetada desde afuera o por liderazgos políticos. Entonces, en su función orientadora, estas representaciones emplazan las acciones y prácticas de los grupos sociales que las sostienen, esto deriva en una sociedad sometida en su totalidad, transversal y horizontalmente en todos sus ámbitos, a la conflictividad política. Entendiendo lo político, como espacio del poder y antagonismo, manifestado en la sociedad venezolana actual no como conflicto entre adversarios sino como conflicto entre enemigos que necesitan eliminarse.

La dirigencia política en funciones de oposición, por un lado, representa los intereses del estrato I, en sus líderes más conspicuos cuyas familias pertenecen a la clase social con mayor acumulación de capital económico del país, como son por ejemplo, Henrique Capriles, Leopoldo López, María Corina Machado y Henry Ramos Allup. Por otro lado, el liderazgo político en funciones de gobierno, manifiesta políticamente defender los intereses de la clase trabajadora y exacerba en su discurso la conflictividad social, aun cuando, esta dirigencia política en funciones de gobierno ostenta cada vez mayor concentración de poder económico. Esta conflictividad, que ha transcendido los límites nacionales, para ser ya de orden internacional, no abona al desenvolvimiento económico de la nación, lo cual deviene en un juego político cada vez más difícil, con consecuencias fatídicas para la población. Ésta se ha visto paulatina y notoriamente debilitada, no sólo por el hambre, las enfermedades para las cuales no hay medicinas accesibles por sus altos precios y la emigración, sino también, por la inseguridad jurídica y ciudadana.

Las lesiones que las fuerzas sociales y los fenómenos culturales pueden infligir a la experiencia humana constituyen al Sufrimiento Social. Entre estas fuerzas sociales, se señalan al poder político, económico e institucional y a los fenómenos culturales como las costumbres, los rituales, la tradición, la ley, el lenguaje y la división del trabajo. De igual modo, implica cómo estas formas de poder se modifican a sí mismas para responder a los problemas sociales (Kleinman, Das, & Lock, 2003) (Wilkinson, 2005).

Ante tal sufrimiento social, culmino atreviéndome a señalar un camino de alivio: un liderazgo democrático, amplio, educado, fuerte, decidido, que capitalice, identifique, respete y sujete a los estratos sociales medios de la población. Esto, considero abonaría a la disolución de la polarización política que representa socialmente al país dividido, tanto en el discurso como en la

práctica, en clase burguesa versus proletariado. Ya el estrato social IV, enuncia la necesidad de

paz social. Entonces, junto a los estratos medios como motor social, todos estamos llamados a

viabilizar una sociedad venezolana madura y crecida en sus dificultades.

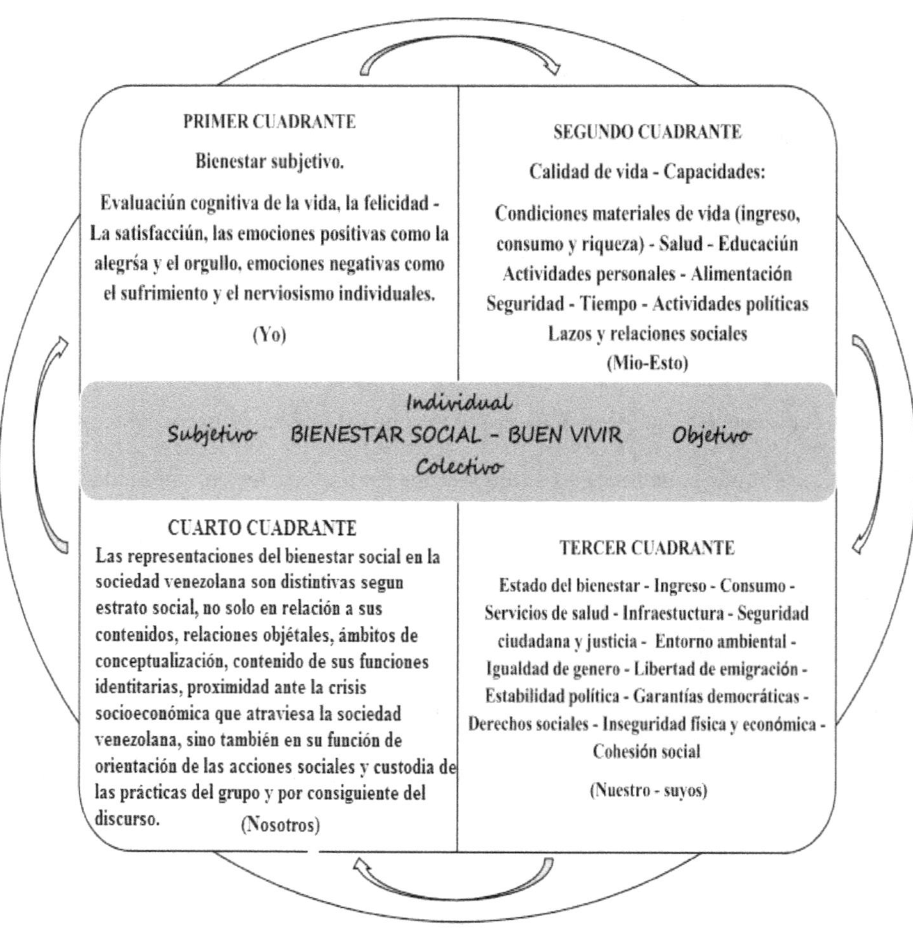

Figura 33. La pieza completada: Cuarto cuadrante de la matriz integral holónica del Bienestar Social. Fuente: Diseño propio.

Referencias

Abadi, A. (28 de diciembre de 2017). Provadinci. *Economía. 4 años de recesión económica en cifras.* Recuperado el 19 de abril de 2018, de https://provadinci.com/4-anos-de-recesion-economica-en-cifras/

Abric, J. C. (1999). Practiques sociales et Représentations. En *Metodología de la recolección de las representaciones sociales.* México: Ediciones Coyoacán.

Adorno, T. W. (2003). *The jargon of authenticity. Título original; Jargon der Eigentlichkeit: Zurdeutschen Ideologie (1964).* London & New York: Routledge.

Althusser, L. (1971). *La revolución teórica de Marx.* Buenos Aires: Siglo veintiuno argentina editores s.a.

Archer, M., Bhaskar, R., Collier, A., Lawson, T., & Norrie, A. (1998). Critical Realism. Essential Readings. *Editado por.* London: Routledge.

Baltzly, D. (2014). Stoicism. (E. N. Zalta, Ed.) Recuperado el 7 de julio de 2016, de The Stanford Encyclopedia of Philosophy: <http://plato.stanford.edu/archives/spr2014/entries/stoicism/>.

Banco Central de Venezuela. (15 de enero de 2016). *RESULTADOS DEL ÍNDICE NACIONAL DE PRECIOS AL CONSUMIDOR, PRODUCTO INTERNO BRUTO Y BALANZA DE PAGOS.* Obtenido de http://www.bcv.org.ve/Upload/Comunicados/aviso150116.pdf

Banco Mundial. (s.f.). Grupo de Investigaciones sobre el desarrollo.

Belvedere, C. (2013). Entrevista a Carlos Baldevere. Fetiches y conceptos de la teoria social contemporánea. (M. Babio, Entrevistador) Universidad Nacional del Centro de la Provincia de Buenos Aires, Facultad de Ciencias Sociales. Recuperado el 18 de mayo de 2018, de http://www.ridaa.unicen.edu.ar/xmlui/bitstream/handle/123456789/728/Entrevista%20a%20Carlos%20Belvedere.%20Fetiches%20y%20conceptos%20de%20la%20teor%C3%ADa%20social%20contempor%C3%A1nea%2c%20por%20Babio%2c%20Marcelo.pdf?sequence=3&isAllowed=y

Belvedere, C. (2015). *El discurso del dualismo en la teoría social contemporánea.* Ciudad Autónoma de Buenos Aires: Libro digital, EPUB.

Berger, P., & Luckmann, T. (1968 - 2003). *La construcción social de la realidad.* Buenos Aires: Decimoctava reimpresión Amorrortu editores.

Beyer, C. (2015). Edmund Husserl. En E. N. Zalta (Ed.), *The Stanford Encyclopedia of Philosophy* (Summer 2015 ed.). Recuperado el 1 de mayo de 2016, de <http://plato.stanford.edu/archives/sum2015/entries/husserl/>.

Bohman, J. (2015). Critical Theory. (E. N. Zalta, Ed.) *The Stanford Encyclopedia of Philosophy*(Winter 2015). Recuperado el 29 de abril de 2016, de <http://plato.stanford.edu/archives/win2015/entries/critical-theory/>.

Bourdieu (a), P. (1984). *Distinctions. A Social Critique of Judgment of Taste.* (R. Nice, Trad.) Harvard University Press.

Bourdieu (a), P. (1987). Bourdieu: What makes a social class? On The Theoretical and Practical Existence of Groups. *Berkeley Journal of Sociology, 32*, 1-17.

Bourdieu, P. (1979, 1998). *La distinción. Criterios y bases sociales del gusto.* Madrid: Taurus.

Bourdieu, P. (1980). Le capital social. *Actes de la recherche en sciences sociales, Vol. 31*, 2-3.

Bourdieu, P. (1984). Espacio social y génesis de clase. *Espacios*(2), 24-35.

Bourdieu, P. (1987). *El interés del sociólogo.* Buenos Aires: Gedisa.

Bourdieu, P. (1987). What makes a social class? On The Theoretical and Practical Existence of Groups. *Berkeley Journal of Sociology, 32*, 1-17.

Bourdieu, Pierre - Director. (1999). *La miseria del mundo.* Madrid: Ediciones Akal.

Brigss, A. (1961). The Welfare State in Historical Perspective. *Archives Europeennes de Ssociiologie*, 221-258.

Brítez Rojas, G. (diciembre de 2011). *Las clases sociales en Karl Marx y Max Weber: elementos para una comparación.* Obtenido de Germinal - Documentos de trabajo N° 11: http://germinal.pyglobal.com/pdf/documento_trabajo_11.pdf

Cáseres, J. (2002). *El pensamiento en la política económica.* ESIC.

Cecchini, S. (2005). *Indicadores sociales en América Latina y el Caribe.* Santiago de Chile: CEPAL.

CEPAL. (2016). *Panorama Social de América Latina.* La desigualdad en América Latina: un desafio estructural para el desarrollo sostenible. Recuperado el 2 de febrero de 2018, de https://www.cepal.org/sites/default/files/presentation/files/170530_panorama_social_2016_versio n_para_se_final.pdf

Chomsky, N., & Hernan, E. S. (abril de 1989). *Manufacturing consent: The political economy of the mass media.* Obtenido de EL CONTROL DE LOS MEDIOS DE COMUNICACIÓN: http://www.infoamerica.org/teoria_articulos/chomsky6.htm

CIA - World Fact Book. (s.f.). *Distributon of family income - Gini Index.* Obtenido de https://www.cia.gov/library/publication/the-world-factbook/fields/2172.html

CLACSO. (19 al 21 de noviembre de 2014). Jornadas Internacionales de Investigación en Ciencias Sociales y Humanidades.

Cogan, J. (2016). The Phenomenological Reduction. (J. F. Dowden, Ed.) *The Internet Encyclopedia of Philosophy.* Recuperado el 12 de abril de 2016, de http://www.iep.utm.edu/home/about/

Corral, Y. (Enero-Junio de 2009). Validez y confiabilidad de los instrumentos de investigación para la recolección de datos. *Revista Ciencias de la Educación, 19*(33).

Creswell, J. W. (2009). *Research Design.* Thousand Oaks, CA: Sage.

Dahlgren, G., & Whitehead, M. (1991). *Policies and Strategies to Promote Social Equity in Health.* Stockholm, Sweden: Institute for Futures Studies.

Diccionario de la Lengua Española. (2016). *Real Academia Española.* Obtenido de http://dle.rae.es/?w=diccionario

Dodge, R., Daly, A., Huyton, J., & Sanders, L. (2012). The challenge of defining wellbeing. *International Journal of Wellbeing, 2(3),* 222-235.

Durkheim, E. (1893, 1977). *The division of social labour in Society.* New York: Free Press.

Durkheim, É. (1895, 1982). *The Rules of Sociological Method.* (H. W. Halts, Trad.) New York, USA: The Free Press. Recuperado el 26 de noviembre de 2015, de http://comparsociology.com/wp-content/uploads/2013/02/Emile-Durkheim-Rules-of-Sociological-Method-1982.pdf

Engels, F. (1878). Anti-Duhrings. En *Collected Works of Marx*. Moscow: Progress Publishers.

Eurostat. (s.f.). *Gini coefficient*. Recuperado el 5 de junio de 2018, de ec.europa.eu/eurostat/tgm/table.do?tab=table&plugin=1&language=en&pcode=tessi190

Flament, C. (1994). Aspects perphériques des representations sociales. En C. Guimelli, *Structure et transformations des représentations sociales*. Lausanne: Delachaux et Niestlé.

Flament, C. (2001). Estructura, Dinámica y transformación de las representaciones sociales. En J. C. Abric, *Prácticas sociales y representaciones*. México: Coyoacan.

Fletcher, G. (2016). *The Philosophy of Well-Being: An Introduction*. Londres: Routledge.

Foucault, M. (Jul. - Sep., 1988). El sujeto y el poder. *Revista Mexicana de Sociología, Vol. 50, No. 3*, 3-20.

Fox, N. J. (2008). *The SAGE Encyclopaedia of Qualitative Research Methods*. London: Sage.

Frede, D. (2013). Plato's Ethics: An Overview. (E. N. Zalta, Ed.) Recuperado el 28 de julio de 2016, de The Stanford Encyclopedia of Philosophy: URL = <http://plato.stanford.edu/archives/fall2013/entries/plato-ethics/>.

Fundacredesa. (15 de junio de 2016). *Misión, Visión, Objetivos, Valores y Principos*. Obtenido de http://fundacredesa.gob.ve/organigrama/

Gramsci, A. (1999). *Antología*. México: Siglo XXI.

Guba, E., & Lincoln, I. (1994). Competing paradigms in qualitative research. En N. K. Lincoln, *Handbook of qualitative research* (págs. 105-117). California: Thousand Oaks.

Gutiérrez, A. (2005). *Las Prácticas Sociales: una introducción a Pierre Bourdieu*. Córdova: Ferreira Editor.

Harnecker, M. (1971). Clases sociales y lucha de clases. (C. -C. Enriquez, Ed.) *Archivo Chile*.

Heidegger, M. (1962). *Being and Time*. New York: Harper and Row.

Höijer, B. (2011). Social Representation Theory. *Nordicom Review, 32.*, 3–16.

Husserl, E. (1913). *Ideas*. México, segunda edición en español 1962: Fondo de Cultura Económica.

Husserl, E. (1995). *Cartesian Meditations: An introduction to Phenomenology.* Dordrecht: Kluwer Academic Publishers.

INE. (17 de enero de 2018). *Instituto Nacional de Estadística.* Obtenido de Gobierno Bolivariano de Venezuela:

http://www.ine.gov.ve/index.php?option=com_content&id=156&Itemid=38&limitstart=3

Jacson, L., & Rodriguez, F. (2015). Condiciones de vida de la comunidad warao de Playita Volcán, estado Delta Amacuro. En A. Corosio, *Tiempos para pensar. Investigación social y humanística hoy en Venezuela. Tomo II* (pág. 183). Consejo Latinoamericano de Ciencias Sociales.

Jodelet, D. (1986). La representación social: fenómenos, concepto y teoría. En S. Moscovici, *Psicología Social II. Pensamiento y vida social. Psicología social y problemas sociales.* Barcelona: Ediciones Paidós.

Jodelet, D. (2008). El movimiento de retorno al sujeto y el enfoque de las representaciones sociales. *Cultura y representaciones sociales*, Año 3, N° 5, 32-63.

Kerbo, H. R. (2006). *"Social Stratification" 21st Century Sociology: A Reference Handbook.* Obtenido de http://works.bepress.com/hkerbo/27/

Kleinman, A., Das, V., & Lock, M. M. (2003). *Social suffering.* Berkeley: University of California Press.

Kraut, R. (2016). Aristotle's Ethics. (E. N. Zalta, Ed.) Recuperado el 1 de julio de 2016, de The Stanford Encyclopedia of philosohy: <http://plato.stanford.edu/archives/spr2016/entries/aristotle-ethics/>.

Lauinger, W. (2016). *Well-being in Cristian Tradition.* (G. Fletcher, Ed.) Recuperado el 7 de junio de 2016, de phil-papers: http://philpapers.org/rec/LAUWIT

Leeds-Hurwitz, W. (2009). *Social construction of reality.* Encyclopedia of communication theory. (pp. 892-895). Thousand Oaks, CA: SAGE Publications, Inc.

Lipscomb, M. (8 - 12 de Abril de 2011). Critical realism and realist pragmatism in mixed method research: the problematics of event identity and abductive inference. *American Educational Research Association Annual Meeting.* New Orleans, Louisiana, USA. Recuperado el 1 de abril de 2016, de http://eprints.uwe.ac.uk/14188/3/AERA%20talk%20-%20M%20Lipscomb%•20-%2007.04.11..pdf

Lopez Fernández, M. d. (julio-diciembre de 2009). El concepto de Anomia de Durkheim y las aportaciones teóricas posteriores. *Iberoforum. Revista de Ciencias Sociales de la Universidad Iberoamericana, IV*(8), 130-147.

Lotman, I. M. (1998). *La semiósfera II. Semiótica de la cultura, del texto, de la conducta y del espacio.* (D. Navarro, Trad.) Madrid: Ediciones Cátedra, S.A.

Marx, K. E. (1848, 1992). *The Comunist manifesto.* Oxford: Oxford University Press.

Maturana, H. (1996). *La realidad: ¿objetiva o construida?* Barcelona, España: Antrophos.

Maturana, H., & Varela, F. (1986). *El arból del conocimiento.* Santiago de Chile: Universitaria, segunda edición.

Maza Zavala, D. F. (Octubre de 1987). *Ponencia presentada en la XI Asamblea Nacional de la Federación Nacional de Colegios de Economistas.* Obtenido de http://ance.msinfo.info/bases/biblo/texto/BA/BA.07.03.pdf

Méndez Castellano, H., & Méndez, M. C. (1994). *Sociedad y estratificación.* Caracas: Fundacredesa. Recuperado el 1 de febrero de 2016, de https://wwwyyy.files.wordpress.com/2008/08/metodo-graffar-mendez-castellano.pdf

Messina, G. M. (2010). El debate sobre los regímenes de bienestar de Europa a América Latina. Algunas sugerencias para el análisis del caso argentino. pp. 2932-2952. Santiago de Compostela, España: Consejo Español de EStudios Iberoamaericanos.

Morales Manzur, J. (1993). *Biblioteca Digital - Repositorio Académico - Serviluz.* Obtenido de Capítulo Criminológico No . 21: http://produccioncientificaluz.org/index.php/capitulo/article/download/19243/19227

Morín, E. (1999). *Los siete saberes necesarios de la educación del futuro.* París - Francia: Organización de las Naciones Unidas para la Educación, la Ciencia y la Cultura.

Morin, E. (1999). *La Cabeza Bien Puesta: Repensar la reforma, re-formar el pensamiento.* Argentina: Nueva Visión.

Moscovici, S. (1979). *El psicoanálisis, su imagen y su público.* Buenos Aires: Huemul.

Moscovoci, S. (1984). The phenomenon of social representations. . En R. a. Farr, *Social representation* (págs. 3-70). Cambridge University Press.

Mouffe, C. (1 de abril de 2015). *La filosofía política de Chantal Mouffe.* Obtenido de http://www.webdianoia.com/contemporanea/mouffe/mouffe_lopolitico.htm

Muñoz Justicia, J. (2003). *Atlas/ti.* Barcelona, España: Universitat Autonóma de Barcelona.

Naciones Unidas. (2018). *Situación y perspectivas de la Economía Mundial 2018: Resumen.* Asuntos Económicos y sociales. Recuperado el 19 de abril de 2018, de https://www.un.org/development/desa/dpad/publication/situacion/-y-perspectivas-de-la-economia-mundial-2018-resumen/

Natanson, M. (1974). Introducción. En A. Shüzt, *El problema de la realidad social.* Buenos Aires: Amorrortu.

Natanson, M. (1998). Alfred Schütz: Philosopher and Social Scientist. *Human Studies 21*, 1- 12.

ONU. (2017). *Informe sobre Desarrollo Humano 2016.* Programa de las Naciones Unidas para el Desarrollo.

Papers on Social Representations. (2016). *Department of Social Psychology, London School of Economics and Political Science, UK.* Obtenido de http://www.psych.lse.ac.uk/psr/

Peikoff, L. (1991). *Objetivismo: la filosofía de Ayn Rand.* (D. Garcia, Trad.) Grito Sagrado.

Perera, A. C., & Pérez Cruz, O. (2009). Crisis social y reavivamiento religioso. Una mirada desde lo sociocultural. *Cuicuilco, 16*(46).

Pola, A. (1905). *Discursos y manifiestos de Benito Juárez* (Vol. 6). (A. Pola, Ed.) Biblioteca Pública de Neva York (digitalizado).

Potter, J., & Litton, I. (1985). Some problems underlying the theory of social representation. *British Journal of Social Psychology*, 81-94.

Pouliot, V. (2007). "Sobjetivism": Toward a Construtivist Methodology. *International Studies Quartely*(51), 359-384.

Real Academia Española. (2016). *Diccionario de la lengua española.* Obtenido de Edición del tricentenario: http://dle.rae.es/?id=5TwfW6F

Rodríguez, Z. e. (2008). Bienestar Social y Desigualdad de Ingreso: Diferentes Enfoques para su Medición. *OIDLES - Vol. 2, N° 5.*

Ruiz R., J. (Mayo de 2009). Análisis sociológico del discurso: métodos y lógica. *Forum: Qualitative Social Research, 10*(2).

Sánchez Miralles, S. (2017). Estado actual del régimen de expropiaciones en Venezuela. *Revista Electrónica de Derecho Administrativo Venezolano*(10). Recuperado el 2 de abril de 2018, de http://redav.com.ve/wp-content/uploads/2017/11/Estado-actual-del-re%CC%81gimen-de-expropiaciones-en-Venezuela-SSM.pdf

Schütz, A. (1954). Concept and Theory Formation in the Social Science. *Journal of Philosophy, 51*(9), 257-273. Recuperado el 4 de abril de 2016, de http//www.jstor.org/stable/2021812

Schüzt, A. (1964). *Studies in Social Theory: Colleted Papers II.* The Hague: Martinus Nijhoff.

Sen, A. (1989). Development as Capability Expansion. *Journal of Development Planning,N°19*, 41-58.

Sen, A. (1998). *El bienestar, la condición de ser agente y la libertad. Conferencias Dewey de 1984.* Barcelona: Paidos.

Silva, L. (1981). *Teoría y Práctica de la Ideología.* México: Nuestro Tiempo.

Smith, D. W. (2013). "Phenomenology". En T. S. Philosophy, & E. N. Zalta (Ed.). Winter 2013 Edition. Recuperado el 28 de abril de 2016, de <http://plato.stanford.edu/archives/win2013/entries/phenomenology/>.

Stepanich, L. V. (1991). Heidegger: Between Idealism and Realism. *The Harvard Review of Philosophy*, 20-28.

Stiglitz, J., Sen, A., & Fitoussi, J. P. (2009). *Informe de la Comisión sobre la Medición del Desarrollo Económico y del Progreso Social.* www.palermo.edu/Archivos.../Biblio_adic5.pdf.

Thorbecke, E. (2011). Measurement of Social Well-being and Progress. *REALIDAD DATOS Y ESPACIO - REVISTA INTERNACIONAL DE ESTADÍSTICA Y GEOGRAFÍA*, Vol. 2 Núm.1 enero-abril 96-

109. Obtenido de http://www.inegi.org.mx/prod_serv/contenidos/espanol/bvinegi/productos/integracion/especiales/ revista-inter/RevistaDigital2/Doctos/RDE_02_Art6.pdf

Trinidad, A., Carrero, V., & Soriano, R. M. (2006). *Teoria fundamentada "Grounded theory". La construcción de teoría a través del Análisis interpretacional* (Vol. 37). Madrid: Centro de Investigaciones Sociológicas.

Trundle, R. C. (2015). *Integreted truth and Existencial phenomenology.* Leiden / Boston: Brill Rodopi.

Valdés, M. (1991). Dos aspectos en el concepto de Bienestar. (U. d. Alicante, Ed.) *Revistas - DOXA*(9), 69-89.

Valles, M. S. (1999). *Técnicas Cualitativas de Investigación Social. Reflexión metodológica y práctica profesional.* Madrid: Síntesis.

van Dick, T. (June 2006). Group Ideology ans discourse analysis. *Journal of Political Ideologies*, 115-140.

van Dijk, T. A. (2008). Semántica del discurso e ideología. *Discurso & Sociedad*, Vol 2(1) 201-261.

Vera, H. (N° 50, 2002). Representaciones y clasificaciones colectivas. La teoría sociológica del conocimiento de Durkheim. *Sociológica*, 103-121.

Wachelke, J. (2012). Social Representations: A Review of theory and research from Structural Approach. *Universitas Psychologycal, 11 (3).*, 729-741.

Wagensberg, J. (junio de 2002). *Letras libres.* Obtenido de La verdad en la ciencia: http://www.letraslibres.com/revista/convivio/la-verdad-en-ciencia

Wagner, W. e. (1999). *Theory and method of social representations (online).* Obtenido de LSE Research Online: http://eprints.lse.ac.uk/2640

Weber, M. (1922, 1978). *Economy and Society.* USA: University of California Press.

Wilber, K. (1991). *Los tres ojos del conocimiento.* Barcelona, España: Kairós.

Wilber, K. (1995). *Sex, Ecology, Spirituality. The Spirit of Evolution.* Boston & London: Shambhala.

Wilber, K. (2001). *Una teoría de todo. Una visión integral de la ciencia, la política, la empresa y la espiritualidad.* Barcelona, España: Kairós.

Wilkinson, I. (2005). *Suffering. A sociological introduction.* Cambridge: Polity Press.

Zambrano, R. E. (2010). Una visión integral del paciente con insuficiencia renal crónica: salud mental, afrontamiento y resiliencia. Tesis doctoral: Universidad Autónoma de Madrid.

Zizek, S. (1 de abril de 2015). *Ideología: un mapa de la cuestión.* Obtenido de © FCE : http://www.infoamerica.org/documentos_pdf/zizec01.pdf

Zuidervaart, L. (2015). Theodor W. Adorno. En E. N. Zalta (Ed.), *The Stanford Encyclopedia of Philosophy* (Winter 2015 ed.). Recuperado el 5 de mayo de 2016, de The Stanford Encyclopedia of Philosophy: <http://plato.stanford.edu/archives/win2015/entries/adorno/>

9 7 9 8 7 0 0 3 0 1 6 5 7